Klaus Zierer

Prinzip Freude

Klaus Zierer

Prinzip Freude

Jugendliche haben ein Recht auf Unbeschwertheit

Kösel

Sollte diese Publikation Links auf Webseiten Dritter enthalten, so übernehmen wir für deren Inhalte keine Haftung, da wir uns diese nicht zu eigen machen, sondern lediglich auf deren Stand zum Zeitpunkt der Erstveröffentlichung verweisen.

Wir haben uns bemüht, alle Rechteinhaber an den aufgeführten Zitaten ausfindig zu machen, verlagsüblich zu nennen und zu honorieren. Sollte uns dies im Einzelfall nicht möglich gewesen sein, bitten wir um Nachricht durch den Rechteinhaber.

FSC www.fsc.org MIX Papier aus verantwortungsvollen Quellen FSC® C014889

Klimaneutral* Druckprodukt ClimatePartner.com/14044-1912-1001

Penguin Random House Verlagsgruppe FSC® N001967

Umschlag: Weiss Werkstatt München
Umschlagmotive: © Bogdanovich_Alexander / Shutterstock.com
Grafik S. 68: © Prof. F. Schulz von Thun
Zitate: S. 20: Günter Grass »Was Freude bringt« aus Günter Grass: Eintagsfliegen, © Steidl-Verlag, Göttingen 2012.
S. 23: Josef Guggenmos, »Der Regenbogen«, aus Josef Guggenmos, Was denkt die Maus am Donnerstag?, © 1998 Beltz & Gelberg in der Verlagsgruppe Beltz, Weinheim Basel
Redaktion: Jennifer Wagner
Satz: Satzwerk Huber, Germering
Druck und Bindung: Friedrich Pustet GmbH & Co. KG, Regensburg
Printed in Germany
ISBN 978-3-466-31170-5
www.koesel.de

Inhalt

Jugendliche brauchen Freude!
Mein Anliegen als Pädagoge

»Fast jeder zweite Schüler leidet unter Stress« (Ärzteblatt, 2017)
»Was tun, wenn schon Jugendliche Burnout haben?« (Süddeutsche Zeitung, 2019)
»1,4 Millionen Schülerinnen und Schüler von Cybermobbing betroffen« (Süddeutsche Zeitung, 2017)
»Nie allein, aber auch nie wirklich zusammen – warum so viele junge Menschen so einsam sind« (Stern, 2020)
»Generation K: Jetzt kommen die Ängstlichen« (Die Zeit, 2017)
»75 Prozent der psychischen Erkrankungen vor dem 24. Lebensjahr« (Tagesspiegel, 2020)

Vielleicht kennen Sie die eine oder andere Schlagzeile, die in den letzten Jahren durch die Presse ging. Schlimmstenfalls sind Sie direkt davon betroffen (gewesen). Vergleicht man die Zahlen verschiedener Untersuchungen, die diesen Schlagzeilen zugrunde liegen, so zeigt sich das Ausmaß des Problems in seiner ganzen Tragweite. Denn diese Studien belegen, dass die angesprochenen Probleme keine Eintagsfliegen sind, sondern ein massiv anwachsendes Gefährdungspotenzial für Kinder und Jugendliche und damit für die ganze Gesellschaft darstellen. Ohne in einen Alarmismus zu verfallen, sind folgende Zahlen beachtenswert:

- Die Shell-Jugendstudie 2019 (vgl. Albert/Hurrelmann/Quenzel, 2019), die seit 1953 regelmäßig durchgeführt wird, geht unter anderem der Frage nach, ob Ängste die nachwachsende Generation in einer besonderen Weise umtreiben und worüber diese sich besonders sorgt. Im Längsschnitt zeigen die Ergebnisse deutlich: Junge Menschen haben immer schon Sorgen gehabt, die aber angesichts aktueller Entwicklungen zunehmen: Umweltzerstörung, Terrorismus und Angst vor Zuwanderung seien 2019 die bestimmenden Themen gewesen.
- Lee Jenkins (2015), US-amerikanischer Bildungsforscher, konnte nachweisen, dass die Freude am schulischen Lernen nahezu kontinuierlich abnimmt: Seien es in der ersten Klasse noch fast alle Kinder, die gerne zur Schule gingen, falle die Quote auf gut 30 Prozent in der neunten Jahrgangsstufe, um sich bis zum Ende der Schulzeit auf knapp 40 Prozent zu erholen. Mit anderen Worten: Die Schule verfehlt ihren ureigenen Bildungsauftrag, nämlich den Kindern Freude am Lernen zu vermitteln.
- Laut WHO-Meldung (2018) nehmen sich weltweit 800.000 Menschen jährlich das Leben, hochgerechnet also alle 40 Sekunden einer. Damit zählt Suizid zu den häufigsten Todesursachen. In Deutschland seien das laut Statistischem Bundesamt im Jahr 2019 über 9.000 Personen, darunter um die 200 Jugendliche gewesen.
- Die NAKO-Studie ist eine der größten Gesundheitsstudien weltweit. Sie erforscht Volkskrankheiten, darunter auch psychische Erkrankungen. Einer Mitteilung aus dem Jahr 2019 zufolge zählten Depressionen zu den am weitesten verbreiteten Krankheiten. Schätzungsweise seien allein in Deutschland 4 Millionen Erwachsene betroffen und die Wahrscheinlichkeit, depressiv zu werden, wird auf 20 Prozent geschätzt. Der Kinder- und Jugendreport der DAK-Gesundheit 2019

(vgl. Storm [Hrsg.], 2019) belegt diese Zahlen für junge Menschen: Jedes vierte Schulkind zeige psychische Auffälligkeiten. Zwei Prozent litten an einer diagnostizierten Depression und ebenso viele unter Angststörungen. Hochgerechnet seien circa 238.000 Kinder und Jugendliche so stark betroffen, dass sie ärztliche Unterstützung hinzuzögen. Im Vergleich zur Erhebung aus dem Jahr 2018 sei die Depressionshäufigkeit um fünf Prozent gestiegen. In den Sekundarstufen litten doppelt so viele Mädchen wie Jungen unter ärztlich diagnostizierten Depressionen.

- In den JIM-Studien wird regelmäßig davon berichtet, dass Jugendliche mit Mobbing im Netz konfrontiert werden. Im Jahr 2019 habe knapp ein Drittel der 12- bis 19-Jährigen angegeben, jemanden im Bekanntenkreis zu haben, der Opfer geworden sei, und acht Prozent hätten diese Erfahrung selbst gemacht, wobei Mädchen doppelt so oft betroffen seien wie Jungen (vgl. mpfs, 2019).
- Die COPSY-Studie (vgl. Ravens-Sieberer et al., 2021), die insbesondere die Auswirkungen der Corona-Pandemie auf Jugendliche untersuchte, kommt zu dem Ergebnis, dass sich die Lebensqualität von Kindern und Jugendlichen während der Corona-Pandemie verschlechtert habe. Es werde vermehrt von psychischen und psychosomatischen Auffälligkeiten berichtet.

Für mich als Pädagogen sind diese Zahlen und die damit verbundenen Schlagzeilen aber nicht nur Grund zur Sorge. Vielmehr sind sie für mich der Grund für einen Appell: Jugendliche brauchen Freude![1] Wenn Kinder und Jugendliche immer weni-

1 Natürlich brauchen auch Erwachsene Freude. Aufgrund meiner pädagogischen Perspektive spreche ich im Folgenden aber vornehmlich von Jugendlichen oder jungen Menschen.

ger Gelegenheiten haben, sich zu freuen, dann steht das Einfallstor für vielfältige Übel weit offen. Wir müssen also den aktuellen Entwicklungen etwas entgegenstellen und Kinder und Jugendliche mit pädagogischer Kompetenz und Haltung unterstützen. Dabei geht es mir nicht darum, alles Neue dafür verantwortlich zu machen, dass die Welt der jungen Menschen aus den Fugen geraten ist: Die Medienflut, der Wertewandel, die Konsumorientierung und vieles andere mehr bleiben nicht folgenlos. Insofern wäre eine kulturpessimistische Sichtweise durchaus denkbar, ja sogar berechtigt.

Aber sie würde sich schnell in einem Hätte, Könnte, Sollte verlieren und schließlich an den Strukturen zerbrechen. Als Pädagoge möchte ich anders an das Problem herangehen: Nicht an den Strukturen drehen, sondern diese von innen heraus neu denken. Ich möchte also optimistisch in die Zukunft blicken: Menschen können vieles schaffen, wenn sie entsprechend darauf vorbereitet werden. Bildung wird damit zum Schlüssel – wenn man sie richtig versteht. So meint Bildung im Kern das, was ich aus meinem Leben gemacht habe. Es kommt also darauf an, Menschen zu stärken – durch Zeit für Freude.

Aber blicken wir auf die großen Herausforderungen der Gegenwart, um nicht weltfremd zu argumentieren. Man muss schon eingestehen: Zeit für Freude scheint es nicht zu geben. Beinahe täglich führen uns alle möglichen Medien durch Bilder der Verwüstung, der Zerstörung, der Angst und der Verunsicherung vor Augen, wie groß die Herausforderungen der Gegenwart wirklich sind. Auf den ersten Blick gibt es keinen Grund zur Freude. Vielmehr überwiegt der Grund zur Sorge. Wäre es daher nicht angemessener und zeitgemäßer, über die Sorge und nicht über die Freude zu schreiben?

Historisch betrachtet gibt es dieses Prinzip der Sorge bereits und es hat durchaus seine Berechtigung. In besonderer Art und

Weise findet es sich ausbuchstabiert in Martin Heideggers Philosophie (2001), in der der Mensch und seine Existenz unter die Lupe genommen werden. Das bestimmende Moment der Analyse: Das Dasein sei Sorge. Der Mensch sorge sich um sich selbst, sein Hab und Gut, seine Familie, seine Freunde. Er müsse sich um Essen und Trinken sorgen, um Nähe und Geborgenheit, um Sicherheit und Arbeit – und, sofern man nicht aus dem Leben gerissen werde, müsse man sich auch um seinen Tod und die damit verbundenen Folgen sorgen. Sorge treibe also an und sei so zentral für den Menschen, dass er sich ihr gar nicht widersetzen könne.

Dazu drei Beispiele: Der Klimawandel fordert Menschen heraus, sich um die Umwelt zu sorgen – nicht nur um der Umwelt willen, sondern um der Menschen willen. Denn die Natur braucht nicht uns, um zu leben, sondern wir brauchen die Natur, um zu leben. Kriege führen weltweit zu Flucht und Vertreibung, was aufseiten der betroffenen Menschen ebenso zur Sorge führt als auch aufseiten der Menschen, die sich dieses Leids annehmen. Und schließlich stehen immer wieder Menschen vor existenziellen Fragen, wenn Firmen die Schließung droht.

Die Sorge ist also das Prinzip der Gegenwart – auf den ersten Blick ohne Frage. Auf den zweiten Blick offenbart sich aber, dass ein Leben in ausschließlicher Sorge kein Leben ist und unmenschlich wird. Der Mensch richtet sein Leben nicht nur nach den Fragen der Sorge aus. Es gibt weitere Motive, die wichtig sind und die einer Sorge diametral gegenüberstehen. Ein bekanntes und vielleicht auch das wichtigste in Zeiten globaler Herausforderungen ist das Prinzip Freude. Um die Freude soll es in diesem Buch daher auch gehen.

Sich mit dem Prinzip Freude auseinanderzusetzen, ist zeitgemäß und zeigt sich selbst in den bereits skizzierten Krisen: Wenn Umweltschützer auch in Zeiten des Klimawandels, der zunehmenden Plastikvermüllung, weiter ansteigenden CO_2-Ausstoßes und unaufhaltbar anmutenden Artensterbens Bäume pflanzen, Tümpel anlegen und zu Müllsammelaktionen aufrufen, dann ist das Motiv eindeutig: Das Gefühl, auch in der Ohnmacht etwas Sinnvolles zu tun, gibt Kraft und bereitet Freude. Wenn Menschen, die auf der Flucht sind, selbst in widrigsten Umständen dem Leben noch Freude abgewinnen können. Und wenn Mitarbeitende, selbst am letzten Tag, bevor das Unternehmen schließen muss, mit vollem Elan ihre Arbeit erledigen, dann ist es die Freude, die antreibt und Zuversicht gibt.

Eine besondere Bedeutung erhält das Prinzip Freude, wenn man in diesen Zeiten Jugendliche begleitet und beobachtet. Auch sie sorgen sich: um die Natur, um die eigene Gesundheit und auch um die ihrer Eltern, Großeltern und Freunde. So mancher reflektiert im Hinblick auf die Zukunft, ob ökonomisch alles gut gehen wird. Aber Jugendliche brauchen Freude. Die Zuversicht und das Urvertrauen in das Leben, dass alles gut wird, sind prägend und grundlegend für eine gesunde Entwicklung. Wie sollen diese Zuversicht und dieses Urvertrauen entstehen und gedeihen, wenn Kinder und Jugendliche nur Sorge erfahren? Soll die junge Generation sich nur noch sorgen und ihr Lebenselixier der Unbeschwertheit und der Leichtigkeit einfach so ad acta legen, wie wir Erwachsenen es können? Für Kinder und Jugendliche führt ein Leben in Angst und Sorge zu einer »pädagogischen Klimakrise«, wie Ken Robinson (2018) es nennt, und damit zu gravierenden Fehlentwicklungen – physisch, psychisch und sozial.

Gerade auch deswegen ist eine Auseinandersetzung mit dem Prinzip Freude notwendig. Jugendliche brauchen Freude. Sie ist das Salz in der Suppe, ohne das nichts schmeckt und auch nichts schmecken kann. Freude ist der Gegenpol zur Sorge und daher in Zeiten von Krisen und globalen Herausforderungen wichtig. Aber was ist damit gemeint, wenn wir von Freude sprechen? Worin liegt der Unterschied zu Glück, Lust, Heiterkeit, Witz oder Humor? Freude zeigt sich also als schillernder Begriff. Allerdings wird dabei deutlich, dass jeder Schritt, das Verständnis von Freude zu schärfen, ihre Bedeutung für die Entwicklung des jungen Menschen sichtbar macht. Angesichts der bereits angesprochenen Krisen stellt sich die Frage, was heute die größten Verhinderer der Freude sind. Was kann man ihnen entgegensetzen? Dabei zeigt sich: Freude ist nicht nur ein Gefühl, sondern Freude hat immer Gründe, über die es sich nachzudenken lohnt. Ist es in einer Situation die Solidarität, die wichtig ist und Freude bereitet, kann es in einer anderen Situation die Ichbezogenheit sein, die antreibt und berechtigt ist. Ist es in einer Situation der Verzicht, der das Leben erfüllt, kann es in einer anderen Situation der Genuss sein. Schließlich zeigt sich bereits an diesen Überlegungen: Das Prinzip Freude ist nichts Einfaches, aber etwas Wichtiges. Menschen müssen lernen, sich zu freuen und ihre Freude zu reflektieren. Denn erst im Abwägen der jeweiligen Gründe kann sich wahre Freude entfalten. Der Mensch ist in der Lage, sich zu freuen, und er muss es auch, wenn er als Mensch leben möchte. Immer und immer wieder müssen wir uns selbst in den größten Krisen unseres Lebens fragen, wo es Gründe zur Freude gibt. Ebenso wichtig ist es, die Freude in Momenten, in denen sie offensichtlich zutage tritt, bewusst und besonnen wahrzunehmen. Es gibt folglich Wege zur Freude und damit wird Freude zum Bildungsziel. Der Ausruf »Freut euch!« wird zum pädagogischen Programm.

Dass es auch heute noch genügend Gründe zur Freude gibt, sollen diese Schlaglichter deutlich machen:

- Die Shell-Jugendstudie 2019 (vgl. Albert/Hurrelmann/Quenzel, 2019) berichtet, dass der Prozentsatz derjenigen, die sich sozial, politisch beziehungsweise ganz einfach für andere Menschen engagierten, zwischen 33 und 40 Prozent liege. Über die Hälfte der befragten Jugendlichen blickten optimistisch in die Zukunft – trotz Krisen.
- Die Studie u_count des DKJS (2020) belegt: Junge Menschen wollen sich engagieren und die Gesellschaft mitgestalten. Dafür bräuchten sie Unterstützung. So wünschten sich junge Menschen Information, Freiräume, Anerkennung und Zutrauen.
- In den Bestsellern »Factfulness« von Hans Rosling (2018) und »Aufklärung jetzt« von Steven Pinker (2019) wird mit Fakten ein positiveres Bild von der Welt gezeichnet, als es medial häufig vermittelt wird. Man kann über das eine oder andere Detail sicherlich streiten, aber die Kernbotschaft beider Autoren ist wichtiger: Wir Menschen hätten das Potenzial, die Welt zu verbessern. Damit dies jedoch passiere, brauche es Urteilskraft und Tatendrang. Anders formuliert: Es brauche Bildung!

Es gibt sie also, die Gründe zur Freude. Man sollte den Kopf nicht in den Sand stecken. Jugendliche haben Potenzial und aus pädagogischer Sicht besteht die Aufgabe, dieses Potenzial zum Leben zu erwecken.

Das vorliegende Buch setzt sich das Ziel, das Prinzip Freude näher zu beleuchten und deutlich zu machen, dass es gerade für Jugendliche das Lebenselixier schlechthin ist. Jugendliche brauchen Freude in ihrem Leben und haben in diesem Sinn ein Recht auf Unbeschwertheit. Damit ist sicherlich nicht gemeint, dass sie keine Sorge mehr haben müssten und ihnen jegliche Last abgenommen würde. Ganz im Gegenteil: Freude entsteht gerade dort, wo Jugendliche sich auch um etwas sorgen. Aber diese Sorge darf nicht überhandnehmen, sondern muss Räume der Freude ermöglichen.

Dieser Appell erhebt sicherlich nicht den Anspruch auf Vollständigkeit, wie man sie in einem akademischen Diskurs erwarten könnte. Vielmehr ist es das Ziel, zum Nachdenken anzuregen und unsere Zeit vor dem Hintergrund der Freude infrage zu stellen. Daher ist es auch eine Reihe von Fragen, die das Buch aufwerfen möchte. Diese sind mindestens ebenso wichtig wie die Antworten. Denn Fragen bringen Menschen zum Nachdenken.

Und so ist die Freude ganz meinerseits: Ich freue mich, Ihnen dieses Buch vorlegen zu können. Ich freue mich, dass ich in den Flow des Schreibens gekommen bin und er mich nicht verlassen hat. Ich freue mich, dass der Kösel-Verlag, namentlich Frau Stuhldreier, Gefallen an meiner Idee zu diesem Buch gefunden hat und mich mit aller Kraft unterstützte. Und schließlich freue ich mich über kritisch-konstruktive Rückmeldung von meinen Leserinnen und Lesern, denen ich nun viel Freude beim Lesen wünsche!

Marklkofen, im April 2021

Was ist Freude eigentlich?
Eine Annäherung

Das Wort »Freude« scheint auf den ersten Blick so selbstverständlich zu sein, dass man sich in der Regel gar nicht so viele Gedanken darüber macht. Man genießt einfach den Moment, wenn Freude da ist. Erst dann, wenn sie länger nicht da ist, kommt man ins Grübeln und fängt an, sie zu suchen. Man denkt also darüber nach, was Freude ist, und versucht, für sich ein Verständnis davon zu entwickeln.

Nun gibt es verschiedene Zugänge, um für sich zu klären, was Freude bedeutet. Das Einfachste wird sein, in Ihrem näheren Umkreis nachzufragen, was unter Freude verstanden wird. Vermutlich werden schnell Assoziationen geäußert: »Freude hat etwas mit Glück zu tun«, »Freude bedeutet Zufriedenheit« oder »Freude ist ein Gefühl«, so ein paar Antworten aus meinem Umfeld. All diese Antworten sind nicht ganz falsch, insofern schon irgendwie richtig. Aber sie bleiben an der Oberfläche und tragen wenig zur Klärung bei. Im Folgenden möchte ich daher mit Ihnen gemeinsam ein tieferes Verständnis von Freude entwickeln.

Ein beliebtes Verfahren zum Einstieg in ein Thema ist das sogenannte Akrostichon. In Schreibwerkstätten stellt es eine bewährte Übung dar, um kreative Denkprozesse anzustoßen. Im Kern geht es darum, dass die Einzelbuchstaben des zu klärenden Wortes als Anfangsbuchstaben für weitere Wörter genommen werden, die in einem Zusammenhang mit dem zu klärenden Wort stehen. Ein einfaches Beispiel ist »Luft«, also L – U – F – T. Mögliche Adjektive sind dann »leicht«, »unsichtbar«, »frisch« und »trocken« oder Substantive »Leichtigkeit«, »Unsichtbarkeit«, »Frische« und »Trockenheit«. Ich möchte für die Freude ebenfalls ein Akrostichon mit Ihnen erstellen. Nehmen Sie also bitte die Einzelbuchstaben und notieren Sie Ihre Gedanken, die Sie im Hinblick auf Freude haben, wenn Sie Wörter mit den Anfangsbuchstaben F – R – E – U – D – E suchen.

Wenn ich diese Aufgabe angehe, dann fällt mir zum Beispiel ein: F für Freundschaft, weil Freude für mich meist in der Gemeinschaft auftritt. R für Reinheit, weil Freude für mich alle anderen Sinneseindrücke überlagert. E für Ehrlichkeit, weil Freude für mich ohne schlechtes Gewissen auftritt. U für Unmittelbarkeit, weil sich Freude in einem bestimmten Moment zeigt. D für Dankbarkeit, weil das Gefühl der Freude zur Demut zwingt. Und E für Eigenaktivität, weil ich in der Regel etwas tue, wenn ich Freude erfahre.

Dieser erste Zugang zur Freude soll im Weiteren vertieft werden. Wann immer man sich einem Wort nähert, lohnt es sich, die Etymologie zu Rate zu ziehen. Sie sucht nach den Ursprüngen von Wörtern und zeigt den Entstehungshintergrund eines Wortes auf. Häufig hält sich dieser Entstehungshintergrund in der Gegenwartssprache oder macht darauf aufmerksam, in welche Richtung sich der Gebrauch eines Wortes gewandelt hat. Dann ist es interessant, danach zu fragen, warum diese Bedeutungsverschiebung stattgefunden hat und was die Gründe für die Neubelegung eines Wortes sind.

Blickt man aus dieser Perspektive auf das Wort »Freude«, lässt sich feststellen, dass es seinen Ursprung etwa im 8. bzw. 9. Jahrhundert hat. Im Althochdeutschen existierten die Worte »frewida« und »frouwida«; im Mittelhochdeutschen gebrauchte man die

Worte »vröude« und »vreude«. Die damalige Bedeutung wird als Hochstimmung und Glücksgefühl angegeben. Auch wenn das Wort »Freude« erst im 8. bzw. 9. Jahrhundert verwendet wurde, war das Begriffsverständnis der Freude auch in früheren Zeiten bekannt, wurde aber mit einem anderen Wort zum Ausdruck gebracht. Darauf wird im Streifzug durch die wissenschaftlichen Analysen des Begriffes »Freude« noch genauer einzugehen sein.

Vorerst zeigt allerdings die etymologische Betrachtung in die Richtung einer besonderen Stimmung und eines Glücksgefühls. Dieses ist auch in der Gegenwartssprache noch leitend für die Verwendung des Wortes »Freude«, wie nachstehende Redewendungen deutlich machen. So sind die Aussagen »Ich habe Freude am Lesen«, »Es herrschte große Freude über den Sieg« und »Er will die Freuden des Alltages genießen« geläufig. Zudem lässt sich das Wort »Freude« in Verbindung mit einer Vielzahl an Adjektiven verwenden, so spricht man beispielsweise von einer großen, riesigen, unerwarteten, heimlichen, wilden, rauschhaften, stillen oder diebischen Freude. Dementsprechend werden das zugehörige Adjektiv »freudig« und auch das ableitbare Verb »freuen« verwendet: Die Redewendung »Es ist ein freudiges Ereignis« weist ebenso auf das Glücksgefühl hin wie die Aussagen »Sie freut sich über die Blumen«, »Er freut sich seines Lebens«, »Sie freut sich auf die Reise«, »Das Kind freut sich an seinem Geschenk« und »Wir freuen uns auf morgen«.

Das Entscheidende für das Begriffsverständnis der Freude lassen die genannten Beispiele bereits erkennen: Freude ist nie grundlos. Dieser Grund der Freude zeigt sich in der Alltagssprache an den verschiedenen Präpositionen, mit denen das Wort kombiniert wird. Selbst die Aussage »Ich freue mich einfach so« macht deutlich, dass nichts da ist, das einem die Freude nimmt. Das Nichts als Abwesenheit von etwas, das Sorge machen könnte, wird zum Grund der Freude.

An dieser Stelle ist die Auseinandersetzung mit einer scheinbaren Form der Freude nötig, die in der Alltagssprache immer wieder vorkommt, aber im sozialen Kontext wenig Zustimmung erfährt. Die Rede ist von der Schadenfreude. Neben der Lebensfreude ist sie eine der wenigen gängigen Wortzusammensetzungen. Für die Schadenfreude trifft das Gesagte zunächst ebenfalls zu und damit auch, dass es einen Grund gibt, warum man sich freut. Was ist die Schwierigkeit an der Schadenfreude? Ihr Grund ist der Schaden eines anderen Menschen und es zeigt sich: Gründe sind immer Wertentscheidungen und nie nur etwas Emotionales. Sie lassen sich benennen, reflektieren und ins Bewusstsein rufen. Im Streitfall muss man sich sogar für seine Freude rechtfertigen können. Insofern gibt es Gründe zur Freude, die nicht verwerflich und aus moralischer Sicht konsensfähig sind. Es gibt aber auch Gründe, die im sozialen Kontext zu Konflikten führen können. Dies ist vor allem dann in den Blick zu nehmen, wenn ein Angriff auf die Menschenwürde erkennbar ist. Vor diesem Hintergrund erweist sich die Schadenfreude im Kern als inhuman. Denn der Mensch wird als Mittel zum Zweck missbraucht. Schadenfreude ist somit keine Form der Freude, sondern eine Form des Hohnes und des Spottes. Im weiteren Verlauf wird die Reflexion des Grundes für die Freude immer wieder anzusprechen sein. Sie stellt ein wichtiges Merkmal für Freude im Allgemeinen und auch für das Erlernen von Freude dar.

Literarisch wird der Grund zur Freude unzählige Male angesprochen – in Gedichten und Geschichten. Im Folgenden soll das zunächst eine Auswahl an Gedichten verdeutlichen.

Den Anfang macht Günter Grass. Im Jahr 2012 veröffentlichte er den Gedichtband »Eintagsfliegen«, der vor allem aufgrund der Zeilen »Was gesagt werden muss« ein größeres mediales

Echo erfuhr. Geradezu politisch argumentiert der Literaturnobelpreisträger Günter Grass darin gegen den israelischen Umgang mit Kernwaffen. Leider wird der Gedichtband aber häufig auf diese Debatte reduziert, andere wichtige Gedanken werden dabei übersehen. Jedenfalls findet sich in diesem Sammelwerk auch das Gedicht »Was Freude bringt«, das für den vorliegenden Gedankengang bemerkenswert ist. Es lautet:

Kastanien,
die im Oktober
feucht in der Hand liegen.

Der Kinder Wünsche,
solange der Dezember dauert,
bis endlich der Baum zu nadeln beginnt.

Sobald im Februar
täglich längere Tage
Versprechungen machen.

Frühtau,
der im August
das Netzwerk der Spinnen versilbert.

Der Grund zur Freude wird in jedem Vers ersichtlich: die Kastanien, der Kinder Wünsche, die längeren Tage, der Frühtau. All das weckt bei Grass eine Erwartungshaltung auf etwas, das ihm Freude bereitet. Literarisch nicht überraschend, aber pädagogisch beachtenswert ist dabei, dass diese Gründe allesamt so naheliegend sind, dass sie gerne übersehen werden: Wer nimmt schon tagtäglich das Wunder der Natur als solches war? Wer achtet schon auf das Faszinierende am Wegesrand? Der Alltag hat den Menschen häufig fest im Griff und verschüttet damit die unmittelbaren Freuden. Günter Grass geht es folglich auch darum, auf diese Einfachheit der Gründe, die allen Menschen offensteht, aufmerksam zu machen. Es muss nicht immer etwas Großes, etwas Teures, etwas Außergewöhnliches sein, woran sich Menschen erfreuen. Genauso gut sind es die kleinen, die geschenkten, die selbstverständlichen Dinge des Lebens. Man muss sie nur sehen, um Freude daran haben zu können. Wer blind durchs Leben geht, wird keine Freude haben.

Angesichts dieser Reflexionen sieht man sich an Antoine de Saint-Exupérys *Der kleine Prinz* und die Worte erinnert, die der Fuchs an den kleinen Prinzen richtet: »Man sieht nur mit dem Herzen gut. Das Wesentliche ist für die Augen unsichtbar.«

Auch wenn die Gründe der Freude auf den ersten Blick selbstverständlich erscheinen, sind sie es häufig nicht. Sie fordern den Menschen heraus, genau zu betrachten und hinzuschauen. Denn einem flüchtigen Blick entziehen sich die Gründe der Freude. Dass dieses genaue Betrachten und Hinschauen aber ebenfalls nicht so selbstverständlich sind und sogar missverstanden werden können, darauf weist Johann Wolfgang von Goethe im Gedicht »Die Freuden« hin. Es ist fast mühselig, Goethe vorzustellen. Aber dennoch: Wie oft habe ich auf Veranstaltungen schon zu hören bekommen, dass man Goethe nicht mehr zitieren könne, weil er doch zu allem etwas gesagt habe, weil er aus der Mode gekommen sei, weil er ein alter, weißer Mann gewesen sei. All das lasse ich unkommentiert und weise stattdessen darauf hin, dass seine Werke heute zur Weltliteratur zählen. Das Gedicht, um das es gehen soll, hat folgenden Wortlaut:

Die Freuden

Es flattert um die Quelle
Die wechselnde Libelle,
Mich freut sie lange schon;
Bald dunkel und bald helle,
Wie der Chamäleon,
Bald rot, bald blau,
Bald blau, bald grün;
O daß ich in der Nähe
Doch ihre Farben sähe!

Sie schwirrt und schwebet, rastet nie!
Doch still, sie setzt sich an die Weiden.
Da hab ich sie! Da hab ich sie!
Und nun betracht ich sie genau
Und seh ein traurig dunkles Blau –

So geht es dir, Zergliedrer deiner Freuden!

Um die Gründe der Freude zu erkennen, sind also nicht das genaue Betrachten und das genaue Hinschauen alleine nötig, die wir gerne mit einem analytischen Blick in Verbindung bringen. Denn diesem Blick fehlt etwas, worauf Goethe aufmerksam macht: der Blick auf das Ganze. Wer nämlich bei der Detailbetrachtung stehen bleibt und von dort aus den Schritt zurück in die Distanz nicht mehr wagt, verfängt sich in der Tiefe des Details. Die Gründe der Freude erfordern also einen Wechsel von Nähe und Distanz, von Detail und Ganzheit, von Drang nach Genauigkeit und Hinwendung zur Gelassenheit. Im Kern zeigt sich bereits an dieser Stelle ein wesentliches Element der Freude, wie es sich auch im wissenschaftlichen Diskurs herauskristallisiert: Die Freude hat immer mit einem Abwägen von Gründen zu tun. Dieses Abwägen ist nichts Selbstverständliches, sondern fordert den Menschen mit all seinen Gaben. Aus pädagogischer Sicht lässt sich bereits an dieser Stelle formulieren: Sich freuen will gelernt sein.

In seinem Buch »Der entzauberte Regenbogen« geht Richard Dawkins (2002), Evolutionsbiologe an der University of Oxford, diesem Phänomen nach. Darin erklärt er, dass die sachliche Erklärung eines Phänomens nichts von dessen Zauber nehme, wenn nicht bei der Analyse stehen geblieben werde. Denn durch das Wissen um die besonderen und notwendigen Gegebenheiten, unter denen beispielsweise ein Regenbogen entstehen könne, gewinne das Phänomen noch mehr an Faszination. Diese Faszination zeige sich nach der Analyse in ihrer Betrachtung als Ganzes. Was das im Fall des Regenbogens bedeuten kann, hat Josef Guggenmos im Gedicht »Der Regenbogen« formuliert:

Ein Regenbogen
komm und schau:
rot und orange,
gelb, grün und blau.

So herrliche Farben
kann keiner bezahlen,
sie über den halben
Himmel zu malen.

Ihn malte die Sonne
mit goldener Hand
auf eine wandernde
Regenwand.

Wer für sich also kognitiv durchdrungen hat, wie ein Regenbogen entsteht, der wird beim nächsten Mal, wenn er wieder einen Regenbogen sieht, anders über ihn denken – und auch anders fühlen. So ist es auch mit der Libelle im Gedicht »Die Freuden« von Goethe: Wer das Detail kennt, der wird das Ganze mit anderen Augen betrachten als derjenige, der das Detail nicht kennt. Freude entsteht also dort, wo Menschen etwas genau wissen, wo sie hinter das Offensichtliche geschaut haben, wo sie das Verborgene eines Phänomens offenlegen konnten, und – das ist nun das Entscheidende – wo dieses Wissen den Menschen als Menschen berührt. Bei der Freude geht es um eine Stimmung und um ein Glücksgefühl. Damit ist etwas angesprochen, das durchaus kognitiv beeinflusst wird, aber nicht kognitiv steuerbar ist. Man kann sich nicht auf Befehl und weil es vernünftig wäre, freuen. Freude lässt sich nicht erzwingen. Die Freude ist und bleibt ein Gefühl. Man kann sich also dem Gefühl öffnen: durch den Blick aufs Detail und aufs Ganze, durch den Wechsel von Nähe und Distanz, durch das Hin- und Herpendeln zwischen Sache und Mensch.

Auch in Grass' »Was Freude bringt« ist es genau diese Situation, die beschrieben wird: Die Kastanien sind ja nicht nur Kastanien und damit ein Produkt der Natur. Sie sind ein Teil der Schöpfung, der Ertrag eines Sommers, ein Bote des Herbstes und damit der Jahreszeiten, ein Hinweis, dass die Tage kürzer werden und damit auf die Endlichkeit des Lebens. Der Kinder Wünsche sind ja nicht nur Wünsche, die käuflich abgewickelt werden können. Sie sind Ausdruck von Sehnsüchten, von Befindlichkeiten und von Gefühlen. Hinter jedem Kinderwunsch steckt mehr als nur die Sache, die Kinder sich wünschen. Es geht vor allem um den Grund des Wunsches und damit um den Grund der Freude, über den es sich nachzudenken lohnt. Der Grund der Freude ist also nichts Einfaches, nichts Oberflächliches. Er betrifft den Menschen als Menschen und damit in all seinen Dimensionen: das Kognitive, das Emotionale, das Motivationale oder auch das Spirituelle. Der Mensch als Mensch wird vom Grund der Freude angesprochen.

Ein poetischer Streifzug zur Freude kann nicht schließen, ohne auf Friedrich Schillers »Ode an die Freude« einzugehen. Denn dieses Gedicht ist in der Vertonung von Ludwig van Beethoven weltbekannt: Sie ist seit 1972 als Instrumentalfassung die Hymne des Europarates und seit 1985 die Hymne der Europäischen Union. Worum geht es dem Dichterfürsten in einem seiner berühmtesten Gedichte?

Mit großem Pathos beschreibt Schiller das Ideal einer Gesellschaft gleichberechtigter Menschen, die durch Freude und Freundschaft miteinander verbunden sind. Ob nun als Trinklied oder nicht: Zum ersten Mal erschien es 1785, erfuhr durch Schiller selbst kleinere Abwandlungen und umfasst in der 1808 posthum veröffentlichten Fassung acht Strophen, wovon nur die erste zur Veranschaulichung abgedruckt ist:

Freude, schöner Götterfunken,
Tochter aus Elysium,
wir betreten feuertrunken,
himmlische, dein Heiligthum.
Deine Zauber binden wieder,
was die Mode streng getheilt,
alle Menschen werden Brüder,
wo dein sanfter Flügel weilt.

Seid umschlungen Millionen!
Diesen Kuß der ganzen Welt!

Brüder – überm Sternenzelt
muß ein lieber Vater wohnen.

Bemerkenswert ist die Hinwendung zu den Gründen der Freude, die Schiller im Kern in zwei Quellen sieht: Zum einen in der Natur, wenn er schreibt: »Freude trinken alle Wesen an den Brüsten der Natur« und »Freude heißt die starke Feder in der ewigen Natur«. Zum anderen im Sozialen, wenn er betont: »Wem der große Wurf gelungen, eines Freundes Freund zu seyn« und »Küße gab sie *uns* und *Reben*, einen Freund, geprüft im Tod«. Vor diesem Hintergrund lässt sich der Vergleich interpretieren, Freude als »Tochter aus Elysium« zu bezeichnen, also als Bewohnerin der Insel der Seligen, der von Göttern Geliebten und mit ewigem Leben Gesegneten.

Neben diesen zwei Gründen der Freude kommt ein dritter hinzu, der angesichts der bereits angestellten Überlegungen, beispielsweise zur Schadenfreude, besondere Beachtung verdient. Denn Schiller setzt die Wahrheit als Korrektiv, das dem Menschen helfen kann, Freude zu erkennen und zu verstehen, das ihn vor einer falschen und schädlichen Richtung beschützen kann. So bemerkt er: »Aus der Wahrheit Feuerspiegel lächelt *sie* den Forscher an« und »Wahrheit gegen Freund und Feind, Männerstolz vor Königsthronen ... Untergang der Lügenbrut!«.

Das Falsche und Schädliche zeigt sich also in allen Fehlformen menschlichen Handelns, dem Inhumanen, dem Neid, der Missgunst und dergleichen. Wahrheit wird damit zur Richtschnur der Freude. Nur dort, wo die Eindrücke der Natur als wahr erkannt werden, kann Freude entstehen. Nur dort, wo die Freundschaft zwischen Menschen eine wahre Freundschaft ist, also auf Wahrheit aufbaut, bereitet sie Freude. Infolgedessen kann im Anschluss an Friedrich Schiller von einer wahren Freude gesprochen werden. Diese Freude ist keine falsche Freude, keine vorgespielte, keine aufgesetzte und auch keine erlogene Freude. Sondern sie ist eine Freude, an der alles, was sie begründet, bewusst gemacht werden kann und nachvollziehbar ist. Freude ist der Wahrheit verpflichtet. Damit ist Freude zwar weiterhin ein Glücksgefühl in ihrer Erscheinung, aber immer auch etwas Kognitives in ihrer Entstehung und etwas Moralisches im Vollzug. Dieser Gedanke wird immer wieder aufzugreifen sein, weil er das Fundament dafür legt, Freude als Bildungsziel zu definieren.

Den Abschluss dieses Ausfluges in die Welt der Gedichte und Geschichten bildet »Hans im Glück«. Als Schwank zuerst 1818 in der Zeitschrift »Wünschelruthe« unter dem Titel »Hans Wohlgemut« von August Wernicke veröffentlicht, fand er Eingang in die 2. Auflage der Kinder- und Hausmärchen der Gebrüder Grimm. Seither kennt vermutlich jedes Kind die Geschichte »Hans im Glück«, zumindest dem Namen nach. Dass die Geschichte selbst bis heute immer wieder zitiert und interpretiert wird, liegt an ihrem eigentümlichen Stil. Denn die Geschichte entbehrt auf den ersten Blick jeglicher Logik und Konvention:

Nach sieben Jahren Arbeit möchte Hans sich von seinem Herrn auszahlen lassen und zurück zu seiner Mutter kehren. Als Lohn erhält er einen kopfgroßen Klumpen Gold. Diesen steckt er in sein Tuch und macht sich auf den Weg. Es kommt zu diversen Tauschgeschäften: Den Goldklumpen tauscht er gegen ein Pferd, das Pferd gegen eine Kuh, die Kuh gegen ein Schwein, das Schwein gegen eine Gans und die Gans gibt er für einen Schleifstein mitsamt einem einfachen Feldstein her. Jedes Mal hat Hans das Gefühl, dass alles eintrifft, was er sich wünscht. So ist er der Auffassung, vom Glück bevorzugt zu sein »wie ein Sonntagskind«. Als er schließlich rastet und Wasser aus einem Brunnen trinken will, fallen ihm die beiden Steine versehentlich hinein.

Glücklich ist er dann, die schweren Steine nicht mehr tragen zu müssen. Das Ende der Geschichte lautet:

»So glücklich wie ich«, rief er aus, »gibt es keinen Menschen unter der Sonne.« Mit leichtem Herzen und frei von aller Last ging er nun fort, bis er daheim bei seiner Mutter angekommen war.

Nun hat diese Geschichte viele Interpretationen hervorgerufen – sie warne vor Tauschgeschäften, mahne zu Einfachheit und Umkehr, belege die Dummheit von Einfaltspinseln oder karikiere einen überhöhten Materialismus. Für die vorliegende Auseinandersetzung mit dem Prinzip Freude ist ein anderer Aspekt aus dem Schwank offenzulegen.

Es gibt einen Unterschied zwischen »Glück haben« und »glücklich sein«. Während das zuerst Genannte etwas Situatives und auf den Moment Bezogenes ist, meint das Letztere etwas, das eben nicht an ein bestimmtes Ereignis gebunden ist, sondern an eine grundsätzliche Ausrichtung des Gemütes. Auch für die Freude trifft diese Unterscheidung zu: Es gibt nämlich die Freude des Momentes. Der Grund der Freude ist dabei etwas Konkretes. So spricht man von einem »freudigen Ereignis«. Diese Freude ist in der Regel schnell vergänglich, meistens sobald das Ereignis zu Ende ist. Demgegenüber gibt es die Freude, die vom Moment unabhängig ist und sich daher auch nachhaltig zeigt. Sie tritt beispielsweise in der Wendung von »der Freude am Lesen, am Spielen, am Kochen« zutage. Denn diese Freude ist beständig, auch wenn man gerade nicht liest, spielt oder kocht. Sie lässt sich zu jeder Zeit spüren, erahnen und ins Bewusstsein rufen, was besonders einfach geht und daher auch besonders intensiv wirkt, wenn man die genannten Tätigkeiten konkret ausführt. Der Unterschied zwischen beiden Formen der Freude liegt im Bewusstsein, mit dem die Freude erlebt wird. Während die eine Freude oberflächlicher und an eine konkrete Situation gebunden ist, zeigt sich die andere Freude als unabhängig vom Moment und damit tiefgründiger. Der Grund ist also klarer und bewusster. Man weiß, warum man sich wirklich freut. Und so ist es auch bei Hans im Glück: Auf den ersten Blick mutet es sonderbar an, dass er sich ständig über das Glück freut, das er zu haben glaubt. Dieses Glück zeigt sich nach oberflächlichen Kriterien mehr als Dummheit, fallen seine Tauschgeschäfte doch immer zu seinem materiellen Nachteil aus. Aber das beschäftigt Hans im Glück offensichtlich nicht, denn für ihn ist jeder Tausch ein Hinweis auf das, was ihm wirklich wichtig ist und ihn glücklich macht. Diese Geschäfte machen ihm bewusst, dass der Grund der Freude für ihn nicht in den Dingen liegt, sondern in der Einfachheit seines Lebens. Diese ist ihm wichtig und wird damit für ihn zum Grund, glücklich zu sein.

Angesichts der zahlreichen unglücklich anmutenden Ereignisse in der Geschichte »Hans im Glück« ist auf einen Aspekt aufmerksam zu machen: Ein Leben, das von zu vielen negativen Ereignissen heimgesucht worden ist, wird es immer schwerer haben, Freude zu erfahren. Die pädagogische Aufgabe lautet dann umso mehr: die Freude im noch so Kleinen immer und immer wieder zu suchen, zu erkennen und sich bewusst zu machen.

Was lässt sich angesichts dieser ersten Annäherung an das Prinzip Freude mittels der Alltagssprache festhalten? Freude zeigt sich als vielschichtiges Phänomen. Im Kern wird sie in der Alltagssprache verwendet, um eine bestimmte Stimmung und ein Glücksgefühl auszudrücken. Für diese Stimmung reicht es nicht nur aus, emotional aufgeschlossen zu sein. Vielmehr ist entscheidend, dass man das, woran man Freude hat und worüber man sich freut, auch in gewisser Weise kognitiv durchdrungen hat. Was man nicht kennt und was man nicht benennen kann, wird einem nicht zur Freude gereichen. Denn der Grund zur Freude ist etwas, das dem Menschen bewusst ist, worüber er nachdenken kann, das er in Worte fassen kann. Wahrheit wird damit zur Richtschnur der Freude, die sich vor allem an der Natur und am Sozialen, also an der Umwelt und an der Mitwelt des Menschen zeigt. Freude wird damit, auch wenn sie alltäglich und sogar selbstverständlich erscheint, als eine Stimmung wahrgenommen, die den Menschen in all seinen Dimensionen erfasst. Sie ist nicht nur etwas Emotionales, sondern das Emotionale hat seinen Grund im Kognitiven und fordert das Moralische. Insofern hat der Mensch die Gabe zur Freude, die aber gleichsam zur lebenslangen Aufgabe wird. Je besser es ihm gelingt, sich des Grundes der Freude bewusst zu werden, desto nachhaltiger ist die Freude. Mit anderen Worten: Bereits die Alltagssprache macht deutlich, dass Freude ein Bildungsziel darstellt und das Sich-Freuen etwas ist, das gelernt werden muss. Junge Menschen zeigen die Gabe der Freude insbesondere in ihrer Unbeschwertheit, die damit zum Bildungselixier schlechthin wird.

Warum ist Freude so wichtig für Jugendliche?

Die Big Five der Freude

Angesichts der Tiefgründigkeit, mit der das Wort »Freude« im Alltag verwendet wird, ist die Freude als Begriff im wissenschaftlichen Diskurs zum Gegenstand umfangreicher Untersuchungen geworden. Im Folgenden soll abermals ein Streifzug unternommen werden, der durch verschiedene Disziplinen führt.

Bei aller Unterschiedlichkeit, die sich aus diesen Blickwinkeln auf die Freude ergeben, wird sich am Ende ein gemeinsamer Kern zeigen, der fünf Aspekte ins Zentrum der Betrachtung rückt. Diese zeigen einerseits das Wesen der Freude und andererseits, warum Freude so wichtig für Jugendliche ist. Aus diesem Grund spreche ich von den Big Five der Freude (in Anlehnung an die Big Five der Persönlichkeitspsychologie):

1. Freude hat immer Gründe. Ein Mensch, der Freude erlebt, kann benennen, warum das so ist.
2. Freude ist die Folge von Schaffenskraft und Tatendrang. Dort und nur dort, wo der Mensch gestalten kann, entsteht ein Möglichkeitsraum für Freude.
3. Freude braucht Erfolg. Die Aktivitäten des Menschen, die gelingen, ermöglichen Freude. Dort, wo nur Misserfolg herrscht, kann keine Freude gedeihen.

4. Freude ist mit einem positiven Gefühl besetzt, ist aber mehr als dieses positive Gefühl. Das Bewusstsein für die Gründe der Freude, die damit verbundene Gestaltung und das daraus resultierende Gelingen sind Garanten dafür, dass sich Freude beim Menschen einstellt.
5. Freude braucht Gemeinschaft. Erst dann, wenn man Freude teilt, wenn es andere Menschen gibt, die eine Sache in gleicher Weise bewerten wie man selbst, entsteht Freude.

So sind es kurz gefasst Gründe, Gestaltung, Gelingen, Gefühl und Gemeinschaft, die das Prinzip Freude ausmachen und insbesondere das Fundament für das Recht auf Unbeschwertheit von Jugendlichen legen. Wenn aber, wie einleitend dargestellt wurde, die nachwachsende Generation vielfach an Stress leidet, in jungen Jahren bereits Burnout-Erfahrungen macht, von Cybermobbing betroffen ist, psychische Erkrankungen bekommt und in Einsamkeit und Ängstlichkeit aufwächst, dann ist es um dieses Fundament nicht sonderlich gut bestellt. Eine gründliche Analyse des Prinzips Freude ist nötig, um das Recht auf Unbeschwertheit für Jugendliche einfordern zu können.

Welche Disziplinen sollen dafür zu Rate gezogen werden? Zunächst erscheint es sinnvoll, den philosophischen Diskurs nachzuzeichnen. Die Philosophie zählt seit jeher die Klärung von Begriffen zu einer ihrer genuinen Aufgaben. Was unter dem Begriff der Freude zu verstehen ist, lässt sich folglich philosophisch beantworten. Außerdem ist es wichtig, in die Psychologie zu blicken. Als Lehre von der Seele versucht sie, mit empirischen Methoden menschliches Erleben und Verhalten zu beschreiben und zu erklären. Es liegt auf der Hand, dass auch die Freude Gegenstand psychologischer Forschung ist. Und schließlich soll die Freude aus medizinischer Sicht unter die Lupe genommen werden. Denn seit jeher wird Freude als Heilmittel gesehen, das Fehlen von Freude als Ursache von Krankheiten. Gerade für Jugendliche sind diese Perspektiven in Zeiten des Wandels wichtig.

Freude in der Philosophie

Aufgrund der Tatsache, dass das Wort »Freude« vor dem 8. Jahrhundert noch nicht existierte, besteht zunächst die Schwierigkeit, diejenigen Wörter zu identifizieren, die den dazugehörigen Diskurs in früheren Zeiten abbildeten. Geht man in die Antike zurück, so findet sich das Wort »Eudaimonia«. Dieses wird häufig als »Glück« oder »Glückseligkeit« übersetzt. Allerdings wird damit das damalige Verständnis nicht umfassend dargestellt, weil Glück vor allem das Emotionale betont. Eudaimonia umfasst aber mehr und ist dem Diskurs insofern bis heute erhalten geblieben. Sie umschließt all das, was in der bisherigen Auseinandersetzung mit dem Prinzip Freude gesagt worden ist. Es lohnt sich also, an dieser Stelle der philosophischen Betrachtung anzusetzen (vgl. Störig, 1999).

Zahlreiche Denker in der Antike haben sich mit der Eudaimonia befasst. Sie bezeichnete im Kern eine gelungene Lebensführung (je nach Kontext als Glückseligkeit, Reichtum, Erfolg und dergleichen) und damit gemeinhin das eigentliche Ziel des Menschen. Dem Wortsinn nach meint sie die Verbundenheit des Menschen mit einem göttlichen Geist, dem »Daimon«, der nicht zu verwechseln ist mit dem Unheil spendenden »Dämon«. Den Göttern nah zu sein und von den Göttern geführt zu werden, sind also die Quellen der Eudaimonia.

Der Wunsch nach einer gelungenen Lebensführung war für viele Philosophen so selbstverständlich, dass auch von einem »eudaimonischen Axiom« gesprochen wurde. Während das Ziel des Menschen also unstrittig war, bestanden die Differenzen darin, wie dieses Ziel zu erreichen sei. Hieraus entwickelte sich eine Reihe philosophischer Strömungen, die bis in die Gegenwart reichen.

So sind zunächst die Vorsokratiker erwähnenswert, unter anderem Heraklit und Demokrit, weil sie den Begriff der Eudaimonia änderten: Sie stellten weniger die Abhängigkeit von einem göttlichen Geist in den Mittelpunkt, sondern machten den menschlichen Ethos zum Daimon. Der Mensch sei also selbst in der Lage, sich zu freuen, Freude zu erfahren und Freude an etwas zu haben. Pädagogisch ist das eine entscheidende Wendung. Denn nun wird der Mensch als seines eigenen Glückes Schmied gesehen. Damit verbunden sind zum einen eine Verantwortung für das eigene Leben und zum anderen die erzieherische Aufgabe, Menschen zu befähigen, diese Verantwortung zu übernehmen.

Dieser Ansatz, den Menschen in die Verantwortung für seine Eudaimonia hineinzunehmen, findet bei Platon eine Fortführung. In seinen Dialogen, in denen er Sokrates meist zur Schlüsselfigur machte, ist die Eudaimonia eines der zentralen Themen. Diese hat für Platon einen hohen Wert und er grenzt sie von der Lust (hedone) ab. Letztere ist für ihn als Streben nach Sinneslust und Sinnesgenuss lediglich ein Gut niedrigeren Ranges und nicht geeignet, um ein gelungenes Leben zu führen. Eudaimonia hingegen wird als das Gute begriffen, das Intelligenz und Ethik erfordert. Ein gelungenes Leben als Grund des Lebens schlechthin führe derjenige, der nicht seinen Lüsten verfalle, sondern besonnen agiere und selbstdiszipliniert sei. Damit werde die Besonnenheit zu einem Schlüsselmoment auf dem Weg zu einer

Eudaimonia. Denn wer besonnen sei, sei auch tugendhaft, gerecht, tapfer und ehrlich. Unbesonnenheit führe demgegenüber zu Unrecht, chaotischen Verhältnissen und Unglück.

Aristoteles ist wohl eine der zentralen Gestalten, wenn es um Fragen der Eudaimonia geht. Als Schüler von Platon greift er dessen Gedanken auf und führt sie fort. So ist auch Aristoteles der Überzeugung, dass es eine Hierarchie der Güter geben müsse, weil das Leben sonst keinen Sinn ergebe. Das eigentlich Gute stehe an der Spitze der Güter. Doch was ist das höchste Gut? Für Aristoteles zeigt sich das höchste Gut immer dort, wo etwas um seines selbst willen und nie zu einem anderen, untergeordneten Zweck begehrt beziehungsweise getan wird. Überträgt man diesen Gedanken auf die Freude, folgt daraus: Wahre Freude entsteht dort, wo die Sache im Zentrum steht und diese nicht Mittel zum Zweck wird. Dadurch, dass Aristoteles, ähnlich wie schon Platon, die Eudaimonia nicht nur für Menschen proklamiert, sondern dieses Ziel auch für eine Gesellschaft eröffnet, hebt er die Eudaimonia aus einem individuellen Kontext in einen sozialen. Dieser soziale Kontext wird für ihn sogar zur Richtschnur jeglicher Eudaimonia. Denn erst in der Möglichkeit, das damit verbundene Gute zu teilen, von anderen miterleben zu lassen, wird es zum höchsten Gut.

Diese skizzierten Erkenntnisse sind auch die Grundlage bei den weiteren Denkern der Antike, obschon durchaus Interpretationsverschiebungen in Einzelfragen sichtbar sind. Im Hellenismus, also in der Zeit der Regentschaft Alexanders des Großen und des Römischen Reiches, sind allen voran die Stoiker zu nennen. Auch sie setzen die Eudaimonia als Ziel des Lebens schlechthin. Dabei werden die äußeren Lebensumstände als belanglos zurückgewiesen und man sieht sich an »Hans im Glück« erinnert. Überspitzt formuliert konnten die Stoiker selbst im Moment der Folter glücklich sein. Wichtiger als materielle Güter waren ihnen die Gesetze der Natur und damit alles Naturgemäße. So ist es für Stoiker auch wichtig, sich im Philosophieren zu üben.

Obschon die Kyniker dasselbe Ziel wie die Stoiker verfolgen, nämlich ein erfülltes Leben in asketischer Selbstgenügsamkeit und innerer Freiheit, ist der Weg dorthin ein anderer: Nicht das Philosophieren und Theoretisieren seien entscheidend, sondern die Lebenspraxis. Für die Kyniker liegt der Weg zur Freude in Willenskraft und körperlicher Abhärtung. Beide ließen sich durch tagtägliche Übung herausbilden und ohne Übung sei kein erfülltes Leben möglich. Freude wird damit nicht zu einem Gefühl, das per Zufall passiert. Sondern der Eigenaktivität des Menschen kommt eine Schlüsselrolle zu. Dabei sind die inneren Werte das Leitende, insbesondere die Freiheit, die dem Menschen als Gesetze der Natur ein erfülltes Leben garantieren.

Mit dem Aufstieg des Römischen Reiches kam es zu einer sprachlichen Verschiebung: Nicht mehr das Altgriechische war die Sprache der Wissenschaft, sondern das Lateinische. Die damit verbundene Herausforderung liegt auf der Hand: Welches Wort sollte zukünftig anstelle der Eudaimonia stehen? Da die römischen Philosophen die griechische Tradition übernahmen, wonach die innere Haltung wichtiger als die äußeren Umstände seien, sprach beispielsweise Cicero von »Glückseligkeit« (beatitudo), Seneca vom »glücklichen Leben« (vita beata). Im Zuge dieser Übersetzungen vom Altgriechischen ins Lateinische wurden viele Fragen der griechischen Philosophie erneut aufgegriffen und diskutiert.

Besonders interessant in der Rückschau auf die römische Philosophie ist Plotin, der sich vor allem auf Platon beruft. Auch für ihn ist die Vernunft entscheidend, um ein glückliches Leben führen zu können. Denn die Vernunft versetze den Menschen in die Lage, das Glück als solches überhaupt zu erkennen und wahrzunehmen. Vor diesem Hintergrund folgert er, dass jeder Mensch kraft seiner Vernunftfähigkeit in der Lage sei, ein glückliches Leben zu führen. Aber diese Gabe bleibe eine lebenslange Aufgabe für den Menschen, da das Leben als solches nie ein für alle Mal vollkommen sei. Gerade für eine pädagogische Betrachtung der Freude ist dieser Gedanke wegweisend: Er untermauert eindringlich die Notwendigkeit, dass Menschen lernen können, ja lernen müssen, sich zu freuen.

Dominierte in der römischen Philosophie noch die Vernunft als Quelle für ein glückliches Leben, kam es im Mittelalter mit dem Vordringen des Christentums als führende Denkrichtung zu einer Verschiebung: Immer mehr trat das Göttliche in das Zentrum. Diese Schwerpunktsetzung war für Autoren wie beispielsweise Augustinus und Thomas von Aquin mit der rationalen Erschließung der Glückseligkeit verbunden. Im Alltag der Menschen jedoch wurde diese mehr und mehr vergessen. Der Glaube trat an die Stelle des Wissens. In der neuzeitlichen Auseinandersetzung führte dies zu Zurückweisungen und Kritik, allen voran bei Immanuel Kant.

Die unreflektierte Pflichterfüllung des Glaubens wurde zur Richtschnur eines glücklichen Lebens, was Immanuel Kant als »Eudämonismus« bezeichnet hat. Dieser führe ein Pflichtprinzip ein. An die Stelle einer vernünftigen Glückseligkeit trete eine moralische Glückseligkeit, die zum Motiv der Pflichterfüllung werde. Insofern finde nicht mehr die Vernunft das Glück, sondern das Glück finde sich in der Pflichterfüllung. Das stehe der Unbeschwertheit junger Menschen oft diametral gegenüber. In gleicher Weise spricht Johann Gottlieb Fichte abwertend von einem »System der Abgötterei und des Götzendienstes«. Dadurch habe sich das Christentum in seiner alltäglichen Auslegung in eine »entnervende Glückseligkeitslehre« verwandelt, die junge

Menschen im Zug des Eudämonismus um den Verstand bringe. Der Höhepunkt der Kritik an einem Eudämonismus ist bei Friedrich Nietzsche (1973) zu finden: Über das Glück lasse sich nicht verfügen, es trete aufgrund einer Tätigkeit ein, einer Schaffenskraft. So lautet auch sein erster Satz der Moral: »Man soll keine Zustände erstreben, weder sein Glück, noch seine Ruhe, noch seine Herrschaft über sich.« (S. 490)

Diese Kritik war in der Folge derart diskussionsleitend, dass fortan Eudaimonia und Glückseligkeit als Wörter kaum noch Verwendung fanden oder finden konnten. Zu vernichtend war die Anklage der führenden Denker der damaligen Zeit.

Erst in den letzten Jahrzehnten greifen die philosophischen Diskurse wieder auf den damaligen Stand der Diskussion zurück. Einigkeit besteht darin, dass es ein höchstes Gut gibt, das es anzustreben gilt.

Was bleibt von diesem philosophischen Streifzug? Welche Schlüsse lassen sich daraus für das Prinzip Freude ableiten? Zunächst ist festzuhalten, dass die existierenden Konzepte der Eudaimonia und der Glückseligkeit den Diskurs gespalten haben und bis heute auf ihrer Basis keine Einigkeit besteht. Infolgedessen bietet der Begriff »Freude« die Möglichkeit eines Neuanfanges, um den Kern der Diskussionen wieder aufzugreifen – nämlich das höchste Gut. Dieses zeigt sich vor allem an den bereits genannten Big Five der Freude: Gründe, Gestaltung, Gelingen, Gefühl und Gemeinschaft.

Ohne Zweifel basieren die angestellten philosophischen Überlegungen auf einer Engführung. Denn lediglich die Philosophie des Westens kam zu Wort und die nicht minder traditionsreiche Philosophie des Ostens wurde bisher ausgespart. Ein kurzer Blick nach Indien, China und Japan zeigt, dass trotz einer ganz anderen Tradition ähnliche Antworten zum Prinzip Freude gegeben werden: Harmonie wird zum Grundstein für ein erfülltes Leben und ein achtsamer Umgang mit sich und der Welt sowie ein Leben im Einklang mit der Natur sind wichtige Schritte, um diese Harmonie zu erreichen. Insofern zeigt sich auch in der Philosophie des Ostens, dass Gründe, Gefühle, Gestaltung, Gelingen und Gemeinschaft wesentliche Elemente der Freude sind.

Freude in der Psychologie

Was sagt nun die Psychologie zu diesen philosophischen Überlegungen? Lassen sie sich untermauern oder kommen neue Aspekte hinzu?

Joan Erikson und Erik H. Erikson (1966) haben die psycho-soziale Entwicklung des Menschen in einem Stufenmodell beschrieben. Dabei unterscheiden sie acht Stadien, die jeweils ein Spannungsfeld zwischen den Bedürfnissen und Wünschen des Menschen als Individuum auf der einen und den sich ständig verändernden Anforderungen der sozialen Umwelt auf der anderen Seite bilden. Da dieses Spannungsfeld in jedem Stadium aufzulösen sei und der Mensch entweder gestärkt oder geschwächt in das nächste Stadium voranschreite, sprechen Erikson und Erikson auch von Krisen, die es zu meistern gelte, ohne sie endgültig zu bewältigen. Denn jede Krise bleibe im Leben eines Menschen bestehen, wenn auch im Hintergrund. Problematisch für die psycho-soziale Entwicklung des Menschen sei es, wenn er geschwächt aus einer Krise gehe, weil dadurch weitere Lebensphasen behindert würden.

Welche Krisen sind damit gemeint? Im Kern gebe es acht Stadien: Im ersten Stadium (1. Lebensjahr) gehe es um die Pole Ur-

Vertrauen vs. Ur-Misstrauen. Das Kind werde relativ schutzlos geboren und bedürfe daher der Nähe, der Zuneigung, der Geborgenheit und der Sicherheit. Erfahre das Kind all das nicht, entwickle es Angst und Misstrauen. Im zweiten Stadium (2. und 3. Lebensjahr) seien es Autonomie auf der einen und Scham sowie Zweifel auf der anderen Seite, die die Krise bestimmten. Das Kind erweitere seinen Aktionsradius und werde eigenaktiver. Je mehr Vertrauen es dabei in seine Umwelt habe, desto autonomer werde es. Komme es in diesem Stadium zu vielen Rückschlägen oder fehle das nötige Ur-Vertrauen, nehme das Selbstkonzept insofern Schaden, als es negativ besetzt und von Unsicherheit durchflutet werde. Im dritten Stadium (4. und 5. Lebensjahr) bilde sich in besonderer Weise das Gewissen im Spannungsfeld von Initiative vs. Schuldgefühl. Dieses könne durch Strenge und Verbote in Richtung Angst und Schuldgefühl gelenkt werden, was für weitere Entwicklungen hinderlich sei. Förderlicher sei es, wenn das Kind in einem vertrauten Raum initiativ sein dürfe und Fehler nicht als Makel, sondern als Lernchance begriffen würden. Im vierten Stadium (6. Lebensjahr bis Pubertät) gehe es um das Verhältnis zwischen Werksinn und Minderwertigkeitsgefühl. Menschen in diesem Alter wollten nicht mehr nur zuschauen und beobachten, sie wollten auch etwas machen, herstellen, gestalten. Erikson und Erikson nennen das Werksinn. Erfahre ein Mensch in dieser Phase nur Scheitern oder erhalte er gar keine Möglichkeit, seinen Werksinn zu entfalten, entwickle sich das Gefühl der Minderwertigkeit. Insofern dürften die Aufgaben nicht zu schwer, aber auch nicht zu leicht sein. Die Herausforderung sei es, die antreibe und bei Erfolg zu einer Steigerung des Selbstkonzeptes führe. Im fünften Stadium (Jugendalter) stehe der Mensch vor der Aufgabe, seine Rolle in der Gemeinschaft mit Gleichaltrigen zu finden. Angesichts zahlreicher Fallstricke keine leichte Aufgabe. Dabei zeige sich ganz besonders: Wer bereits die vorausgehenden Stadien nicht gemeistert habe, werde in diesem Stadium besonders gefordert. Scheitere ein Mensch auch hier, so sei anstatt einer Ich-Identität eine Ich-Identitätsdiffusion die Folge. Im sechsten Stadium (frühes Erwachsenenalter) sei die Aufgabe, ein gewisses Maß an Intimität zu erreichen und nicht einer sozialen Isolation zu erliegen. Das sei Voraussetzung für die Liebe, die im Erwachsenenalter eine zentrale Bedeutung bekomme. Schaffe es ein Mensch nicht, sich anderen gegenüber zu öffnen, Freundschaften zu schließen und treu zu sein, könne es zu einer Vereinsamung kommen. Im siebten Stadium (Erwachsenenalter) sprechen Erikson und Erikson von Generativität vs. Stagnation und Selbstabsorption. Bei einem positiven Ausgang dieser Krise seien Menschen dazu bereit, Kinder in die Welt zu setzen und soziales Engagement zu zeigen. Wer in diesem Stadium scheitere, werde sich zurückziehen und sich in erster Linie mit sich selbst befassen. Das achte und letzte Stadium (reifes Erwachsenenalter) bringe für den Menschen die Herausforderung mit sich, auf sein Leben zurückzublicken und sich auf den Tod vorzubereiten. Werde dabei der Blick von Zufriedenheit geprägt, so werde auch das Ende des Lebens angenommen. Unzufriedenheit hingegen führe zu Verzweiflung und dem Gefühl, noch länger oder noch einmal leben zu müssen.

Anhand der im von Erikson und Erikson erarbeiteten Stufenmodell und der dort verankerten Krisen soll aufgezeigt werden, dass der Mensch in jedem Stadium Freude braucht, um sich positiv entwickeln zu können. Die Aktivität des Menschen spielt beispielsweise in allen Stadien eine Rolle, er interpretiert sie immer im Abgleich mit seiner Mitwelt. Sind diese Aktivitäten von Erfolg gekrönt, führt das zu einer Stärkung des Menschen. Dabei stelle sich nicht nur ein positives Gefühl ein, sondern dieses werde auch kognitiv durchdrungen. Mit anderen Worten: Die zuvor genannten Aspekte des Prinzips Freude aus philosophischer Sicht sind der rote Faden für eine gelungene psycho-soziale Entwicklung. Ein Leben ohne Freude hingegen führt zu negativen Effekten und zu einem Scheitern in den Stadien nach Erikson und Erikson. Ohne Freude kommt man nicht gestärkt durch die Krisen, ohne Freude keine gesunde psycho-soziale Entwicklung.

Als zweites Beispiel der Psychologie wird der sogenannte Flow-Effekt vorgestellt. Er ist hilfreich, um den Aspekt der Herausforderung herauszuarbeiten, wie er auch im Stufenmodell von Erikson und Erikson angesprochen wird: In jedem Stadium gehe es darum, weder in das eine noch in das andere Extrem zu verfallen. Wegweisend in diesem Zusammenhang sind die Arbeiten von Mihály Csíkszentmihályi (2010). Er konnte nachweisen, dass Menschen vor allem dann ein tiefes und nachhaltiges Gefühl der Freude erlebten und geradezu in einen Zustand des vollständigen Aufgehens (»flow«) in einer Tätigkeit kämen, wenn es zu einer optimalen Passung zwischen den eigenen Fähigkeiten und den nötigen Anforderungen komme: nicht zu schwer und nicht zu leicht, sondern passend im Sinn einer Herausforderung. Je größer dabei die Fähigkeiten und die Anforderungen seien, desto stärker könne der Flow werden. Insofern sei es gerade die Herausforderung, die den Flow auslösen könne, und jede Form der Über- oder Unterforderung könne den Flow verhindern – Csíkszentmihályi nennt beispielsweise Angst und Langeweile als Zustände der Über- bzw. Unterforderung, die negativ wirken könnten. Überträgt man diese Gedanken erneut auf das Prinzip Freude aus philosophischer Sicht, so zeigt sich, dass einmal mehr viele davon wiederzufinden sind: Gründe, Gestaltung, Gelingen, Gefühl und Gemeinschaft. Der Flow-Effekt bestätigt also die Wichtigkeit der Freude im explizierten Sinn.

Das dritte Beispiel aus der psychologischen Forschung ist das Lachen. Es ist einer der wirkungsvollsten Stimuli überhaupt, schafft Nähe und Vertrauen, gibt Geborgenheit und Sicherheit, lädt zu Kommunikation und Interaktion ein. Das Lachen ist daher unerlässlich für ein gesundes Heranwachsen. Was passiert, wenn dieses fehlt, konnte beispielsweise René A. Spitz (2005) in einer Untersuchung verdeutlichen. Er verglich die Entwicklung von Kindern in einem Waisenhaus, die vom Pflegepersonal mit allem Nötigen versorgt wurden, mit der Entwicklung von Kindern in einer Säuglingsanstalt, die an eine Strafanstalt angeschlossen war. Diese Kinder wurden von ihren inhaftierten Müttern gepflegt und aufgezogen. Auch wenn es den Kindern im Waisenhaus im Vergleich zu den Kindern in der Säuglingsanstalt körperlich an nichts gemangelt habe, sei das Fehlen der mütterlichen Fürsorge gravierend gewesen: Zuerst habe die psychische Entwicklung des Kindes gestockt, dann hätten psychische Funktionsstörungen eingesetzt, mit denen somatische Veränderungen einhergegangen seien. Schließlich seien gesteigerte Infektionsanfälligkeiten zu beobachten gewesen, die sogar in eine auffällige Erhöhung der Sterblichkeitsquote gemündet hätten.

Bei aller Vorsicht, mit der diese Untersuchungsergebnisse zu bewerten sind, legen sie die Vermutung nahe, dass ein Mangel an Geborgenheit und somit das Fehlen einer vertrauensvollen Basis in der Erziehung negativen Einfluss auf die Persönlichkeitsentfaltung des Menschen nehmen können. Diese Geborgenheit wiederum zeigt sich für ein Kleinkind besonders im Lachen seiner Bezugspersonen. Bereits nach wenigen Monaten ist ihm deren Lachen so vertraut, dass es für eine besondere Wirkung sorgt. Interessant sind in diesem Zusammenhang die Studien zum sogenannten Chamäleon-Effekt (vgl. Chartrand/Bargh, 1999). Sie konnten nachweisen, dass Menschen, die sich in räumlicher Nähe zueinander befänden, gegenseitig bestimmte Handlungen nachahmten, ohne sich dessen bewusst zu sein: Körperhaltung, beiläufige Bewegungen, Gestik, Mimik, Sprachgeschwindigkeit und Intonation, um nur ein paar Beispiele zu nennen. Zu beobachten sei dieser Effekt bereits bei Kleinkindern, die ihre Eltern imitierten, aber auch in Büros und eben in Schulen und Klassenzimmern. Im Kern verdeutliche der Chamäleon-Effekt, dass Menschen unbewusst in einem wechselseitigen Verhältnis zueinander stünden und es zu gegenseitigen Anpassungen komme. Dieser Vorgang wird auch Mimikry genannt und lässt sich ebenso neurowissenschaftlich mit der Theorie der Spiegelneuronen erklären. Je intensiver die Beziehungen sind, desto stärker ist die Nachahmung.

Anders als die philosophische Betrachtungsweise arbeitet die Psychologie aufgrund eines empirischen Zuganges weniger an einem Gesamtkonstrukt der Freude als vielmehr an ihren Einzelphänomenen. Eine Ausnahme stellt der Ansatz von Martin Seligman (2005) dar, der als einer der führenden Akteure einer positiven Psychologie gilt. Der englischen Sprache folgend spricht er von »happiness« und »flourish«. Ein interessantes Modell der positiven Psychologie für das vorliegende Buch ist das PERMA-Modell. Auch darin werden fünf Elemente genannt, die für ein erfülltes Leben wichtig seien: P steht dabei für »positive emotions«, E für »engagement«, R für »relationships«, M für »meaning« und A für »achievement«. Zwar ist mit diesen Wörtern ein bestimmtes Verständnis verbunden, dennoch gibt es Überschneidungen zu den Big Five der Freude, wie sie im vorliegenden Buch entwickelt wurden. Auch darf an dieser Stelle die Kritik aus den Reihen der Psychologie nicht unerwähnt bleiben, die der positiven Psychologie vorwirft, unter dem Deckmantel einer Ideologie einen Menschentyp nach ökonomischen Verwertungsmaßstäben zu proklamieren. Zudem würden bei den eingesetzten psychologischen Tests Mängel angeprangert und die Wirksamkeit der Maßnahmen infrage gestellt.

Ein abschließender Blick auf die psychologischen Beispiele verdeutlicht, dass der Bereich der Emotionen und Gefühle besonders betont wird. Dass Freude also ein Gefühl ist, das wir Menschen spüren und teilen und damit auch bei anderen Menschen wahrnehmen und erkennen können, zeigt die Psychologie eindrücklich. Vor diesem Hintergrund überrascht es auch nicht, dass neurologisch sogar bestimmte Hirnareale identifiziert werden können, die für Freude zuständig sind, und im Blut bestimmte Botenstoffe bekannt sind, die als Glückshormone bezeichnet werden. Ein erfülltes Leben ohne Freude ist aus psychologischer Sicht nicht möglich, sondern führt in ein Krankheitsbild. Dies gilt in besonderer Weise für Jugendliche, die ihre Rolle im Leben erst noch finden müssen.

Freude in der Medizin

Damit ist eine medizinische Perspektive eröffnet: Welchen Stellenwert hat Freude für die Gesundheit des Menschen? Dass Lachen wichtig ist, wurde bereits erwähnt. Es macht aber auch gesund. Um nicht falsch verstanden zu werden: Allein durch Lachen lassen sich keine Krankheiten heilen. Aber ohne Lachen als Ausdruck von Freude wird jeder Heilungsprozess zum Kampf und zur Qual. Ohne Lachen haben es Schmerz und Leid leichter, sich in Körper und Geist des Menschen festzusetzen. So galt beispielsweise die Melancholie von der Antike bis ins 18. Jahrhundert hinein als seelische Krankheit, die am besten mit Spiel und Sport, Bewegung und Aktivität behandelt werden solle. Denn all das führe zu Heiterkeit und Zufriedenheit, zu Tatendrang und Schaffenskraft. Mit anderen Worten: zu Freude. Nicht umsonst hatten Adelige damals nicht nur einen Leibarzt, sondern auch einen Hofnarren (vgl. Schöttker, 2003).

Heute wird nicht mehr von der Melancholie, sondern von der Depression gesprochen – und damit von einer Krankheit, die auch in Deutschland laut Statistischem Bundesamt eine der häufigsten und hinsichtlich ihrer Schwere am meisten unterschätzten Krankheiten überhaupt ist: Über zehn Prozent der Frauen und über fünf Prozent der Männer leiden unter Depressionen (vgl. Deutsche Depressionshilfe, 2018). Laut Statistischem Bundesamt sind unter den Patientinnen und Patienten immer mehr Kinder und Jugendliche – seit dem Jahr 2000 haben sich die Zahlen verzehnfacht (DESTATIS, 2021). Für viele Menschen ist Suizid der letzte Ausweg. In den letzten Jahren nahmen sich jährlich jeweils ca. 10.000 Menschen in Deutschland das Leben. Damit liegt die Anzahl an Suiziden höher als die von Toden durch Verkehrsunfälle, Drogen, Mord und HIV zusammen (vgl. DESTATIS, 2017).

Depressionen sind also ernst zu nehmen. Sie zeigen sich unter anderem in einer Freudlosigkeit und Unfähigkeit zur Freude. Die Ursachen für Depressionen sind komplex und noch nicht bis ins letzte Detail geklärt. So können endogene (von innen kommende) oder exogene (von außen kommende) Faktoren eine Rolle spielen. Insofern können genetische Veranlagung, Medikation, eine hormonelle Veränderung, erlernte Hilflosigkeit, ein negatives Selbstkonzept oder mangelnde soziale Anerkennung einen Beitrag dazu leisten, dass sich Depressionen zeigen. Je nach Schweregrad umfassen die Therapiemöglichkeiten unter anderem stationäre Behandlungen, Medikamente, Sport, Ernährungsberatung, Meditation, Schlafhygiene und Psychotherapie. Bei all diesen Maßnahmen geht es im Kern um die Linderung der Beschwerden und die Rückkehr in ein erfülltes Leben. Freude wieder wahrnehmen zu können, einen Sinn im Leben zu finden, aktiv zu sein und in einer Gemeinschaft zu leben, sind wichtige Ziele auf dem Weg zur Genesung (vgl. Bauer/Berghöfer/Adli, 2005).

Noch besser als eine Behandlung (Intervention) ist aus medizinischer Sicht die Vorbeugung (Prävention). Wie wichtig in diesem Kontext Freude ist, hat eine Forschergruppe aus Harvard in einer Längsschnittstudie (»Harvard Study of Adult Development«) herausgefunden (vgl. Mineo, 2017): Untersucht wurden die Lebensläufe von Menschen über einen Zeitraum von 80 Jahren – ein herausragendes Studiendesign. Im Fokus stand die Frage: Was ist es, das Menschen im Vergleich zu anderen Menschen gesünder hält? Untersucht wurden soziale Herkunft, Gene, Krankheitsverläufe, Einkommen, Bildung und vieles andere mehr. Der Schlüssel für ein gesundes Leben liege laut Studie aber woanders: Gute Gene seien hilfreich, aber Freude sei wichtiger! Die Forscher hätten nachweisen können, dass der Grad der Freude im Leben in einem Zusammenhang mit einer Vielzahl medizinisch messbarer Gesundheitsfaktoren (wie z. B. Cholesterin, Blutdruck und positiven Scans von Organen) stehe. Außerdem liege der Grund dieser so gesundheitsförderlichen Freude in gelingenden Beziehungen – erinnert sei an dieser Stelle an die »Ode an die Freude« von Schiller, in der er genau diesen Aspekt der Freundschaft betont. In der Studie aus Harvard wird daher auch der Schluss gezogen: Einsamkeit töte und sie sei so schädlich wie Rauchen und Alkoholismus. Gute Beziehungen hingegen schützten Körper und Geist des Menschen. Die Freude mit Freunden werde damit zum zentralen Element von Gesundheit. Vermutlich sei sie auch dafür verantwortlich, dass Menschen, die auch im Alter noch gesund seien, nicht rauchten und kaum Alkohol zu sich nähmen, stattdessen körperlich aktiv seien, Lebenskrisen erfolgreich bewältigten, eine stabile Partnerschaft hätten und lebenslang lernten.

Blickt man zurück auf die angestellten Überlegungen und den damit verbundenen Versuch, das Prinzip Freude näher zu beschreiben, so stellt sich die Frage: Was ist kennzeichnend für das Prinzip Freude? Welche Schlüsse lassen sich für das Prinzip Freude ableiten? Über alle Disziplinen hinweg haben sich die folgenden fünf Aspekte als bestimmend herauskristallisiert:

- Erstens hat Freude immer eine kognitive Komponente. Der Grund der Freude ist nicht flüchtig, sondern er ist dem Menschen bewusst. Der Mensch ist damit in der Lage, kraft seiner Vernunft Rechenschaft abzulegen, warum er sich freut.
- Darauf aufbauend erfordert Freude zweitens eine Aktivität des Menschen. Denn Freude stellt sich nicht von alleine ein, sondern der Mensch muss etwas dafür tun. Vor diesem Hintergrund hat Freude nie nur das Mittel zum Zweck als Grund. Sondern Freude entsteht dort, wo die Sache selbst der Zweck ist.
- Damit Freude durch die Aktivität des Menschen entstehen kann, muss diese Aktivität drittens gelingen. Dort, wo der Mensch nur scheitert, wo er keine eigene Wirksamkeit erfahren kann, wird er sich nicht freuen können. Tatendrang und Schaffenskraft legen den Grundstein der Freude.
- All das führt viertens dazu, dass Freude als positives Gefühl auftritt. Die Freude an der Sache ist zwar kognitiv zu reflektieren, aber sie zeigt sich vor allem in der emotionalen Perspektive.
- So ist es fünftens immer auch möglich, dass Menschen sich über die Freude verständigen können, ja sogar müssen. Denn Freude ist nicht nur die Sache des Einzelnen, sondern sie wird zur Sache aller Menschen. Damit hat Freude immer eine soziale Komponente. Freude ist nicht nur etwas Indivi-

duelles, sondern als Kennzeichen eines gelungenen Lebens ist sie für alle anderen Menschen, für eine Gesellschaft insgesamt bedeutsam. Insofern ermöglicht Freude den Austausch mit anderen nicht nur, sie macht ihn sogar zur Bedingung.

Angesichts dieser Überlegungen ist eine Abgrenzung der Freude von anderen Begriffen möglich, die bisher ebenfalls erwähnt wurden. Das Glück ist im Kern ein Gefühl, das die kognitive Komponente nicht in der Weise umspannt, wie die Freude es tut. Die Lust ist immer als Motiv zu sehen, bei der die Sache Mittel zum Zweck wird. Sowohl der Prozess als auch das Ergebnis einer Handlung mit positiven Gefühlen wird als Spaß bezeichnet, wenn sie flüchtig und ohne tieferen Sinn durchgeführt wird. Der Witz lässt sich als Merkmal einer Sache interpretieren, die andere Menschen zum Lachen bringen kann. Er lebt vom Moment und hat keine tiefgründige Ausrichtung zum Ziel und meist auch nicht zur Folge. Ähnlich verhält es sich mit dem Humor, der aber als Eigenschaft von Menschen zu sehen ist. Auch der Humor ist nichts Tiefgründiges, weil er flüchtig ist und keine überdauernden Gründe mit sich bringt. Heiterkeit, Fröhlichkeit und Glückseligkeit sind Stimmungen des Menschen. Sie sind Gemütszustände des Menschen, die sich schnell ändern können und insofern volatil sind. Dafür sind in der Regel keine tiefgreifenden Erfahrungen notwendig. Es reicht ein bestimmter Moment. Anders bei der Freude: Zwar ist auch sie veränderbar, aber immer gekoppelt an tiefgreifende Erfahrungen. Das Selbst- und Weltbewusstsein und damit die kognitive Durchdringung dessen, was Freude bereitet, sind entscheidend. Alle genannten Begriffe können mit der Freude zusammen in Erscheinung treten. Sie können diese sogar in bestimmten Fällen zum Leben erwecken. Aber: Freude unterscheidet sich davon, sodass es in Diskussionen sinnvoll erscheint, auf diese Unterschiede hinzuweisen.

Bei der pädagogischen Reflexion der Big Five der Freude zeigt sich: Freude will gelernt sein. So ist die Fähigkeit, Gründe der Freude zu erkennen, etwas, das pädagogisch unterstützt werden kann. Ebenso lassen sich bestimmte Kompetenzen vermitteln, um Aktivitäten erfolgreich auszuführen. Tatendrang und Schaffenskraft kann man erlernen. Freude kann als Gefühl pädagogisch unterstützt werden. Denn Gefühle zuzulassen, sich auf sie einzulassen, ist nichts Selbstverständliches. Schließlich ist die Aufgabe, in Gemeinschaft zu leben, eine der zentralen Herausforderungen im Bildungsprozess. Sicherlich hat Nietzsche recht damit, dass man Freude nicht erzwingen kann. Aber der Mensch kann durch sein Wissen und Können, also durch Bildung, Räume schaffen, in denen Freude überhaupt erst entstehen kann. Und das ist der pädagogische Auftrag, der sich aus der grundlegenden Betrachtung der Freude ableiten lässt: Jugendliche haben ein Recht auf Unbeschwertheit, damit sie Freude empfinden können.

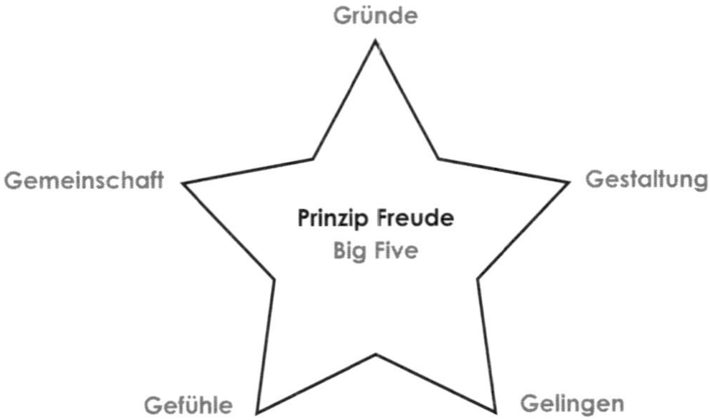

Leben im Hier und Jetzt: (K)ein Grund zur Freude

»O tempora, o mores«[2], lautet Ciceros geschichtsträchtiges Zitat. Es stellt eine Eigenschaft des Menschen heraus: Wir neigen dazu, die Welt schlechter zu sehen, als sie ist. Deswegen sind es vor allem auch negative Schlagzeilen, die sich verkaufen lassen. Je mehr von diesen negativen Schlagzeilen wir hören und lesen, desto negativer wird das Bild der Welt. Doch das muss nicht immer der Wahrheit entsprechen.

Dabei ist nicht einmal klar, was die Welt eigentlich ist: Ist damit die objektive Welt gemeint, also die Welt mit ihren 194 Staaten? Oder ist damit die subjektive Welt gemeint, also die Welt, wie ich sie als Einzelperson erlebe? Beide Perspektiven sind wichtig, wenn es um das Prinzip Freude geht. Denn beide Perspektiven nehmen Einfluss darauf, ob wir Menschen die Möglichkeit und die Fähigkeit haben, uns zu freuen. Im Folgenden wird daher auf beide Perspektiven gesondert eingegangen. Bleiben wir zunächst bei der Perspektive auf die objektive Welt: Was wissen wir heute über sie?

Zwei Bücher sind in den letzten Jahren in diesem Zusammenhang zu Bestsellern avanciert – überraschenderweise nicht deswegen, weil sie ein Drohszenario skizzierten, sondern sie ließen genau mit der gegenteiligen Position aufhorchen. Sie sind

2 Dt.: Oh, Zeiten, oh, Sitten!

damit etwas, das aus der Reihe fällt, und in diesem Sinn dann doch wieder eine »negative« Nachricht. Damit ziehen sie Aufmerksamkeit auf sich. Die Rede ist von Hans Roslings »Factfulness« (2018) und Steven Pinkers »Aufklärung jetzt« (2019). Kernanliegen beider Autoren ist es, dem zunehmenden Populismus und der Mythenbildung in der öffentlichen Diskussion entgegenzuwirken – und zwar mit Fakten und wissenschaftlichen Erkenntnissen. In einer Zeit, die von tiefgreifenden Umwälzungen und daraus resultierender Verunsicherung bei vielen Menschen geprägt ist, sehen sie in der Besinnung auf das, was wir wirklich wissen, die Antwort. Ihre Quintessenz ist dann auch eine andere: Uns Menschen sei es noch nie so gut gegangen wie heute.

Dieses Ergebnis leiten Rosling und Pinker aus ihrer Sammlung an Daten zu nahezu allen Bereichen ab, die für uns Menschen wichtig sind. Ein Streifzug soll im Folgenden zur Verdeutlichung dienen (vgl. zum Folgenden Rosling, 2018 und Pinker, 2019):

- Gesundheit: Global betrachtet würden Menschen immer älter. Die durchschnittliche Lebenserwartung steige auf der ganzen Welt. Ein Garant für diese Tatsache seien unter anderem Fortschritte in der medizinischen Versorgung. Besonders deutlich werde dies an der Mütter- und Kindersterblichkeit, die sich erfreulicherweise auf einem Rekordtief befinde.
- Wohlstand: Global betrachtet sei das Mindesteinkommen von Menschen noch nie so hoch gewesen wie heute. Demzufolge seien auch weniger Menschen denn je von Armut betroffen.
- Frieden: Global betrachtet habe es noch nie so viele Demokratien gegeben wie heute. Der Demokratisierungsprozess sei weltweit auf dem Vormarsch und komme folglich allen Menschen zugute.
- Bildung: Global betrachtet sei die Quote der Alphabetisierung noch nie so hoch gewesen wie heute. Vor allem Frauen

profitierten von dieser Entwicklung, könnten sie heute in so vielen Ländern wie noch nie zuvor eine Schulbildung erhalten. Damit sei auch die Geschlechterfrage einen deutlichen Schritt weiter als noch vor Jahrzehnten.

- Umwelt: Global betrachtet habe es noch nie so viele Naturschutzgebiete gegeben wie heute. Umweltschutz sei in der Mitte der Gesellschaft angekommen und werde an verschiedenen Punkten vorangetrieben. Selbst beim CO_2-Ausstoß sei festzustellen: Die Fortschritte, die in den letzten Jahren zu verzeichnen seien, wiesen in die richtige Richtung. Die Luft werde besser.

Diese Zahlen sind zweifelsfrei überzeugend und sie belegen eindringlich: Wir Menschen haben viele Möglichkeiten. Wir Menschen sind in der Lage, viele Probleme unserer Zeit durch Urteilskraft und Tatendrang zu lösen. Wir Menschen können die Welt zu einer besseren Welt machen. Wir Menschen haben allen Grund zur Freude.

Dennoch möchte ich an dieser Stelle weitere Zahlen präsentieren, die uns aufhorchen lassen müssen. Erneut ein Blick in die bereits angesprochenen Bereiche (vgl. Zierer, 2020a):

- Gesundheit: Richtig ist, dass die durchschnittliche Lebenserwartung von Menschen noch nie so hoch war wie heute. Richtig ist aber auch, dass noch nie so viele Menschen wie heute an Zivilisationskrankheiten gestorben sind. Mit der Folge: Menschen werden zwar dank eines medizinischen Fortschrittes älter, sie werden aber auch früher schwer krank. Die Lebenswelt, die in den letzten Jahrzehnten durch Menschen verändert wurde, führt zu immer früheren schweren Erkrankungen. Der medizinische Fortschritt hilft, ein Leben in Krankheit zu verlängern.

- Wohlstand: Richtig ist, dass das durchschnittliche Mindesteinkommen stetig gestiegen ist. Richtig ist aber auch, dass die Verteilung des Reichtums noch nie so disparat war wie heute. 2016 gehörten nur acht Menschen fünfzig Prozent des Reichtums weltweit.
- Frieden: Richtig ist, dass der Demokratisierungsprozess global betrachtet auf dem Vormarsch ist. Richtig ist aber auch, dass noch nie so viele Menschen wie heute auf der Flucht waren – wegen Krieg, Folter und Vertreibung. Nach aktuellen Schätzungen über 70 Millionen Menschen weltweit. Und richtig ist auch, dass in immer mehr Ländern ein rechtes Lager an Bedeutung gewinnt, dem es nicht um die eine Welt geht, sondern um den einen Nationalstaat.
- Bildung: Richtig ist, dass Bildung global betrachtet für immer mehr Menschen zugänglich ist. Richtig ist aber auch, dass der durchschnittliche Intelligenzquotient seinen Höhepunkt bereits überschritten hat und man folgern kann: Die Menschheit wird dümmer.
- Umwelt: Richtig ist, dass es noch nie so viele Naturschutzgebiete gegeben hat wie heute. Richtig ist aber auch, dass die Liste der bedrohten Tier- und Pflanzenarten noch nie so lang und der Plastikmüllteppich in den Weltmeeren noch nie so groß war wie heute.

Für junge Menschen können diese Nachrichten durchaus bedrückend sein und eine pädagogische Klimakrise auslösen. Denn die Beantwortung der Frage, wie es in Zukunft weitergeht und weitergehen kann, ist unklar und schürt Ängste und Sorgen.

Dieses Spielchen – auf der einen Seite gute, auf der anderen Seite schlechte Zahlen – ließe sich noch länger spielen. Aber der kurze Streifzug sollte ausreichen, um zu folgern: Es erscheint reduktionistisch, zu sagen, die Welt sei im Lot und noch nie sei es uns Menschen so gut gegangen wie heute. Denn zur Realität gehört eben auch: Die Welt ist aus den Fugen geraten. Wir stehen vor gesamtgesellschaftlichen Herausforderungen, denen wir noch nie zuvor ins Auge gesehen haben. Es wäre naiv zu glauben, dass sich die damit verbundenen Probleme schon irgendwie lösen werden. Mehr denn je sind Urteilskraft und Tatendrang gefordert. Nicht wegen der Schmetterlinge, der Bienen, der Vögel. Sondern vor allem um unseretwillen. Die Natur wird die Menschheit überleben. Aber wir laufen Gefahr, uns selbst unserer Lebensgrundlage zu berauben.

Was folgt daraus für das Prinzip Freude? Freude scheint im größeren Kontext nicht immer und überall einen Platz zu haben: Zu ernst ist alles, zu bedrohlich. Es liegt auf der Hand, dass der durchaus naheliegende Gedanke keinen Sinn macht, all das, was im Leben hinderlich für die Freude sein kann, einfach auszublenden. Zum einen würde man sich seiner eigenen Lebensgrundlage auf Dauer berauben. Zum anderen würde man versuchen, seine eigene Vernunftfähigkeit auszuschalten – ein schwieriges Unterfangen. Zwar mag das dem einen oder anderen durchaus gelingen, aber das belegt nicht die Sinnhaftigkeit des Vorhabens, sondern vielmehr die Dummheit des Menschen. Stattdessen zeigt dieser Blick auf die objektive Welt, dass es für das Prinzip Freude wichtig ist, sich bewusst zu machen, dass das Leben zwischen Polen schwankt und es Gegensätzlichkeit gibt. Denn so lassen sich die Gründe zur Freude sichtbar machen. Wahre Freude ist nicht blind, sie weiß um ihren Ausgangspunkt.

Mit diesen Überlegungen ist der Blick auf die objektive Welt bereits verlassen und die Perspektive eingenommen, wie man die Welt als Einzelperson sehen kann. Dabei wird erneut die

Frage beleuchtet, wie die derzeitige Situation das Prinzip Freude begünstigt oder verhindert.

Was waren in den letzten Jahren die entscheidenden Veränderungen der Lebenswelt, vor allem wenn es um die Lebenswelt von Jugendlichen geht? Ohne Zweifel muss man hier Globalisierung und Digitalisierung nennen. Sie werden auch als Megatrends bezeichnet. Dabei ist einzugestehen, dass sowohl Globalisierung als auch Digitalisierung schillernde Begriffe sind. Sie umfassen jeweils viele Strömungen und Bereiche, sind schwer begrifflich zu fassen und abschließend zu definieren. Zudem zeigen sie sich miteinander verwoben, was die Komplexität nicht reduziert, sondern vergrößert.

Da beide in der Ökonomie bisher die größte Triebkraft entwickelt haben, lohnt es sich, dort nach einer weiterführenden Interpretation Ausschau zu halten, um Hinweise auf das Prinzip Freude zu erhalten. Unter dem Stichwort der »Postwachstumsökonomie« sind kontroverse Perspektiven zusammengefasst, um ein neues und zukunftsfähiges Bild von Ökonomie zu zeichnen. Dies geschieht mithilfe von vier Feldern, um Globalisierung und Digitalisierung auf ihr ökonomisches Potenzial analysieren zu können. Meines Erachtens sind diese vier Felder auch für das Prinzip Freude hilfreich (vgl. Zierer, 2020a):

1. Vermehrung: Supermarktregale waren noch nie so üppig gefüllt wie heute. Es gibt nicht eine Schokolade, sondern zwanzig, dreißig Sorten. Wachstum führt insofern zu einem Mehr. Dieses Mehr mag auf den ersten Blick positiv erscheinen. Auf den zweiten Blick offenbart sich aber: Es folgt den Gesetzen des Marktes. Das Angebot regelt die Nachfrage und was angeboten wird, wird auch gekauft. Dabei ist unstrittig, dass nicht alles, was sich gut verkauft, gut für den Menschen ist. Das zeigt indirekt auch das An-

gebot an Schokoladen: Um die körperliche Verfassung der Kinder und Jugendlichen ist es nicht zum Besten bestellt. Was auf der einen Seite zur Freude gereicht, kann auf der anderen Seite Leid herbeiführen.

2. Beschleunigung: Höher, schneller, weiter – das sind Maximen einer kurzsichtigen Wachstumsökonomie, die sich letztendlich selbst einholt: Was nutzen die Hochleistungsautomobile, wenn sie sich den Großteil ihrer Fahrzeit im Stadtverkehr bewegen und dort über Tempo 30 kaum hinauskommen? Im Kontext der Digitalisierung lässt sich ein ähnliches Phänomen beobachten: Zwar können Menschen heute überall und jederzeit mit anderen Menschen kommunizieren, was durchaus viele Vorteile mit sich bringt. So können sich Menschen vernetzen, die ohne digitale Medien nicht einmal voneinander wüssten. Allerdings führt die permanente Erreichbarkeit des Menschen auch zu Stress und Überforderung. Besonders deutlich wird dies an einer Handysucht, die mittlerweile als anerkannte Krankheit eingestuft wird. Zudem nehmen Fälle von Cybermobbing stetig zu. Gerade unter diesem Blickwinkel bestätigen sich Christian Friedrich Hebbels Worte: Es ist nicht alles Gold, was glänzt.
3. Kommerzialisierung: Wachstum führt zu Wohlstand. Dieser Zusammenhang scheint auf den ersten Blick plausibel und wird auch von politischen Entscheidungsträgern immer wieder aufgegriffen. Aber stimmt das? Wovon hängt Wohlstand letztendlich ab? Sicherlich nicht nur vom Kommerz, vielmehr von zahlreichen Leistungen außerhalb des Kommerzes: Hausarbeit, Familienzeiten, Kindererziehung, Nachbarschaft, Ehrenämter, Freundschaften, Bürgertätigkeiten und dergleichen. Ein soziales und ethisches Miteinander trägt letztendlich den

Wohlstand einer Gesellschaft mehr als jeder kommerzielle Erfolg. Und nicht nur den Wohlstand: Auch die Freude des Menschen gründet sich nicht im Kommerz. Zwar kann der Kauf einer begehrten Sache durchaus die Lust befriedigen und auch ein Glücksgefühl erzeugen. Aber wahre Freude lässt sich nicht kaufen. Wahre Freude braucht keine Ware. Sie gründet in der sinnvollen Aktivität in einer Gemeinschaft.

4. Verflechtung: Wachstum heißt heute auch Globalisierung. Erdbeeren aus Spanien, Blumen aus Kenia und Turnschuhe aus China – all das ist heute nichts Besonderes mehr, führt aber auch zu einer großen Distanz zwischen Produkt und Konsument. Damit geht das Regionale verloren und insofern ein Kerngedanke Europas: die Vielfalt in der Einheit. Dieses Phänomen ist bereits in Deutschland zu beobachten: Egal in welcher Stadt man sich bewegt, man findet dieselben Einkaufs-, Restaurant- und Kaffeeketten. Für Freude ist dieser globale Blick problematisch, weil er das Nahe versperrt. Regionale, ja sogar lokale Besonderheiten sind wichtige Quellen der Freude.

Mag der Dreischritt »Wirtschaft – Wachstum – Wohlstand« aus ökonomischer Sicht seine Berechtigung haben, mit Blick auf das Prinzip Freude ist er irreführend und versperrt sogar den Zugang zur Freude. Ein gutes Leben lässt sich nicht an wenigen Aspekten messen. Die entscheidende Frage ist daher nicht: Was hat man aus meinem Leben gemacht? Entscheidend ist vielmehr: Was habe ich aus meinem Leben gemacht? Ökonomischer Erfolg mag hilfreich sein für Freude. Aber er ist weder hinreichend noch notwendig: nicht hinreichend, weil ökonomischer Erfolg nicht zwangsläufig zu Glück verhilft. Nicht notwendig, weil ökonomischer Erfolg nicht einmal in einem direkten Zusammenhang mit Freude steht. Auf dieser Ebene ist das Mindestmaß entscheidend, von dem in der Geschichte »Hans im Glück« ebenso die Rede ist wie bei Aristoteles: Nur Rückschläge im Leben oder die ständige Sorge um die eigene Existenz lassen Freude nicht gedeihen. Ist dieses Mindestmaß aber erfüllt, liegt viel am Menschen und daran, was er mit seinem Leben macht. Die Aktivität des Menschen, das Gestalten seines Lebens, wird damit zum Motor der Freude.

Da die Analyse der Globalisierung und Digitalisierung zutage gefördert hat, wie verkürzend unter diesem Blickwinkel der Mensch und auch das Prinzip Freude erscheinen, ist zu folgern, dass nicht Vermehrung, Beschleunigung, Kommerzialisierung und Verflechtung für ein erfülltes Leben entscheidend sind, sondern ganz im Gegenteil:

- Entrümpelung: weil beispielsweise gerade Kinderzimmer heute voller als jemals zuvor sind, sodass es immer schwieriger wird, die Freuden des Lebens zu finden, weil sie wortwörtlich versperrt sind;
- Entschleunigung: weil Freude ungeplante Zeit braucht und eine Verplanung des Lebens sowie eine allumfassende Erreichbarkeit via digitaler Medien Zeit blockiert;
- Entkommerzialisierung: weil das Trachten nach Symbolen der Anerkennung für Jugendliche durchaus berechtigt ist, aber in seiner Dominanz den eigentlichen Wert einer Sache verstellt und damit Freude verhindert;
- Entflechtung: weil der Mensch nicht nur als Weltenbürger existiert, sondern auch und vor allem in der Kindheit und Jugend eine Regionalität und Lokalität wichtig sind, um Freude erfahren zu können.

Erneut lässt sich das Gesagte mit den Big Five der Freude – Gründe, Gestaltung, Gelingen, Gefühle, Gemeinschaft – in Verbindung bringen.

Wie zeigt sich eigentlich die Schule vor dem Hintergrund dieser Ausführungen? Sie ist eine der wichtigsten gesellschaftlichen Institutionen für junge Menschen, der zentrale Ort ihres Lebens. Mehr als 15.000 Stunden verbringt ein Mensch in der Schule (vgl. Rutter, 1980), sodass der berechtigte Anspruch ist: Wir lernen in der Schule nicht nur fürs Leben, sondern Schule ist ein Teil unseres Lebens.

Angesichts der Bedeutung der Freude für das Leben junger Menschen müssen wir aber leider feststellen: Schule ist nicht immer und für alle ein Ort der Freude. Nicht wenige sind sogar froh, wenn sie diese Institution nicht mehr von innen sehen müssen. Besonders eindringlich führt uns Lee Jenkins diese Beobachtung vor Augen.

In einer Studie hat Jenkins (2015) Schülerinnen und Schüler vom Kindergarten bis zum Abschlussjahrgang einschätzen lassen, wie gerne sie in die Schule gehen würden, weil sie Freude am Lernen hätten. Das Ergebnis legt nahe, dass zu Beginn der Schulkarriere nahezu alle Lernenden Freude am schulischen Lernen erfahren würden. Dieser Wert aber gehe sodann von Schuljahr zu Schuljahr langsam, aber sicher herunter, bis er in der neunten Jahrgangsstufe bei gut 30 Prozent Zustimmung sei. Zum Ende hin, also wenn Licht am Ende des Tunnels sichtbar werde, steige die Freude am schulischen Lernen wieder leicht an.

Dieses Ergebnis, auch als Jenkins-Kurve bezeichnet, ist schockierend: Das zentrale Ziel von Schule ist doch, Freude am Lernen zu erleben und im Zug einer Erweiterung des Gedankenkreises auch eine Freude am schulischen Lernen zu wecken. Wenn wir nun aber feststellen müssen, dass genau das Gegenteil eintritt und Lernende mit zunehmendem Alter immer weniger Freude am schulischen Lernen verspüren, dann läuft etwas schief in dieser Bildungseinrichtung.

Auf der Suche nach den Gründen wird man schnell fündig. Erneut können die bereits angesprochenen Gegensätze im Anschluss an eine Postwachstumsökonomie den Weg weisen:

1. Vermehrung vs. Entrümpelung: Schule erweckt heute den Eindruck, dass sie den Gesetzen des Marktes folgt und dort zu einer Vermehrung von Wissen führt, wo sich ein ökonomisches Kapital erzielen lässt. Prinzipiell ist nichts gegen diesen Gedanken einzuwenden. Aber in seiner Absolutheit führt er zu einer Reduzierung von Bildung: Warum werden beispielsweise die MINT-Fächer in einer derartig überzogenen Weise ausgebaut und gefördert, während alle anderen Fächer am Existenzminimum knabbern? Warum kümmert sich kaum jemand um den musischen, ästhetischen, sportlichen oder moralischen Bereich? Warum sind Mathematik, Physik, Chemie und Biologie fester Bestandteil im Fächerkanon, aber nicht Pädagogik, Medizin oder Philosophie? PISA offenbart damit ein Kanonproblem. Wir brauchen endlich grundlegende Reformen in diesem Bereich. Diese Einseitigkeit im schulischen Lernen wird den Möglichkeiten des Menschen nicht gerecht. Eine Entrümpelung ist daher ein wichtiger Aspekt für Bildung im Allgemeinen und Freude am schulischen Lernen im Besonderen.
2. Beschleunigung vs. Entschleunigung: Im Bildungsdiskurs ist eine ähnliche Maxime wie im wirtschaftlichen Kontext zu beachten: Je früher, desto besser! Lebenslanges Lernen bedeutet heute nicht nur, auch im höheren Alter lernfähig zu sein und zu bleiben. Kindern wird

bereits im Vorschulalter alles Mögliche beigebracht, um im Wettbewerb mit den Gleichaltrigen die besseren Karten zu haben – auch wenn sie vielfach noch nicht dafür bereit sind. Besonders deutlich wird dies am Fahrradfahren: Das kann heute bereits jedes Kindergartenkind und Eltern brüsten sich damit, wenn ihr Kind zu den Ersten in der Gruppe zählt. Dass für ein sicheres Fahrradfahren aber auch eine Wahrnehmungsfähigkeit notwendig ist, die Kinder in diesem Alter aufgrund ihrer Entwicklung nicht haben können, wird übersehen. Entschleunigung ist daher ein wichtiger Aspekt für Bildung im Allgemeinen und Freude am schulischen Lernen im Besonderen.

3. Kommerzialisierung vs. Entkommerzialisierung: Der Erfolg eines Schulsystems wird gerade in den medienwirksamen Vergleichsstudien, wie z. B. PISA, an mathematischen, naturwissenschaftlichen und sprachlichen Kompetenzen gemessen, die für wirtschaftliche Teilhabe bedeutsam sind. Ob die Schulen zu sozialer Teilhabe führen, zu einem friedlichen Miteinander, zu einem respektvollen Umgang, all das und vieles andere mehr wird ausgeblendet. Entkommerzialisierung ist daher ein wichtiger Aspekt für Bildung im Allgemeinen und Freude am schulischen Lernen im Besonderen.
4. Verflechtung vs. Entflechtung: PISA hat dazu geführt, dass es einen erziehungswissenschaftlichen Mainstream gibt. Dieser ist nicht nur methodisch auf empirisch Messbares reduziert, sondern auch auf drei Kompetenzbereiche: Mathematik, Naturwissenschaft und Sprache. Weder regionale Besonderheiten noch kulturelle Eigenheiten spielen eine Rolle. Bildung wird damit auf Globales reduziert und verkürzt. Entflechtung ist daher ein

wichtiger Aspekt für Bildung im Allgemeinen und Freude am schulischen Lernen im Besonderen.

Nimmt man all das zusammen, so überrascht es nicht, dass mit Kritik am Schulsystem nicht gespart wird. Ken Robinson (2018), einer der bekanntesten Erziehungswissenschaftler der letzten Jahre, hat vor Jahren einen TED-Talk gehalten, der bis heute der am meisten gesehene TED-Talk überhaupt ist: Über 70 Millionen Menschen haben ihn angesehen. Darin spricht Ken Robinson davon, dass die Kreativität von Kindern und Jugendlichen in der Schule getötet werde – viele Schulpsychologinnen und Schulpsychologen gingen noch einen Schritt weiter und sagten: Schule töte nicht nur die Kreativität von Kindern und Jugendlichen, sie könne sogar krank machen. Als Gründe für dieses negative Bild nennt Ken Robinson eine falsch verstandene Standardisierung, die die Individualität der Menschen verkenne. Zudem dominiere ein Verständnis von Fehlern, das nicht dem menschlichen Lernen entspreche. Diesem zufolge seien Fehler in der Schule immer etwas, das es zu vermeiden gelte. Aber richtig verstanden sei der Fehler der Motor des Lernens – ohne Fehler kein Lernen. Schließlich kritisiert er eine daraus folgende Oberflächlichkeit, die im Kern den menschlichen Möglichkeiten nicht gerecht werde: Durch zu viel sinnloses Detailwissen würden Lernende die Lust am Lernen und damit auch die Freude an der Schule verlieren.

Die Folge aus dem Gesagten ist für Ken Robinson eine pädagogische Klimakrise: Kinder und Jugendliche würden in einem System groß, das ihnen nicht gerecht werde und sie nicht verstehe. Diese pädagogische Klimakrise ist mit Blick auf alle anderen Herausforderungen, die Globalisierung und Digitalisierung mit sich bringen, vielleicht noch schwerwiegender als die ökologische Klimakrise. Denn ohne ein Klima in den Bildungseinrichtungen, das Kinder und Jugendliche achtet und ihnen sowohl Zeit als auch Raum zur Entfaltung im umfassenden Sinn lässt, können junge Menschen sich nicht umfassend bilden und es kann keine Freude entstehen. Das Recht auf Unbeschwertheit wird an dieser Stelle besonders deutlich. Freude ist der Motor des Lebens, der Bildung und des Lernens.

Entscheidend ist nun: Diese pädagogische Klimakrise lässt sich ebenso bewältigen wie die ökologische Klimakrise. Zu Beginn des 21. Jahrhunderts haben wir Menschen nicht nur das nötige Wissen, sondern auch die nötigen Möglichkeiten. Aber auch hier gilt: Es ist Zeit zu handeln, im Großen wie im Kleinen. Global zu denken und lokal zu handeln, lautet daher die entscheidende Devise. Im nächsten Kapitel werden Wege aufgezeigt, um Jugendlichen die Gründe der Freude ihres Lebens wirksamer als bisher zu verdeutlichen.

Freue dich!
Freude als Bildungsziel

Im Folgenden sollen aufbauend auf den Big Five der Freude Bausteine skizziert werden, die für junge Menschen in besonderer Weise zu bedenken sind, wenn sie in einer Welt, die sich sowohl im Lot befindet als auch aus den Fugen geraten ist, bestehen sollen. Dabei wird das Prinzip Freude zur Gabe und lebenslangen Aufgabe zugleich. Denn jeder Mensch ist in der Lage, sich zu freuen, aber er muss diese Fähigkeit tagtäglich und immer wieder aufs Neue einbringen.

Das Prinzip Freude zeigt sich vor diesem Hintergrund als Bildungsziel und es ist sinnvoll, sich über den Bildungsbegriff kommend Gedanken darüber zu machen, welche Wege der Freude es für Jugendliche gibt. Im derzeitigen Bildungsdiskurs gibt es eine Reihe von Ansätzen. Ihnen ist die Einsicht gemein, dass Menschen viel erreichen können, wenn sie im Lauf ihres Lebens lernen, ihre Urteilskraft zu nutzen, um Tatendrang in Schaffenskraft zu verwandeln. Was ist dafür entscheidend? Bei der Beantwortung dieser Frage führen viele aus: Die Kompetenz ist es, die für ein erfülltes Leben entscheidend ist! So wichtig sie ist, sie allein reicht nicht aus, wie neuere Ergebnisse der Bildungsforschung zeigen.

Howard Gardner startete 1995 zusammen mit Mihály Csíkszentmihályi und William Damon das »Good Work Project« (2005). In diesem versuchten die drei Wissenschaftler die Frage zu klären: Was zeichnet gute Arbeit aus? Zur Beantwortung führten sie mehr als 1.200 Interviews mit Personen aus neun verschiedenen Berufszweigen durch, um zu verstehen, wie beruflicher Erfolg darin definiert wird und wie sich gute Arbeit erkennen lässt. Aus dem umfangreichen Datensatz kristallisierten sie eine vermeintlich einfache Formel heraus: Gute Arbeit zeichne sich durch »3 Es« aus. Sie sei die Verbindung und Verschmelzung von Exzellenz, Engagement und Ethik. Ein guter Arbeiter wisse, was er tue, er sorge sich darum und könne Gründe für das nennen, was er tue. Entscheidend für gute Arbeit seien nicht nur Wissen und Können (in diesem Sinn Exzellenz), sondern auch Wollen (in diesem Sinn Engagement) und Werte (in diesem Sinn Ethik). Interessant ist dabei vor allem die Feststellung, dass zwischen diesen Aspekten ein innerer Zusammenhang bestehe: Können basiere auf Wissen, das erst abgerufen werde, wenn ein Wollen vorhanden sei. Und dafür gebe es immer Gründe, sodass das Wollen auf Werten fuße. Gute Arbeit zeige sich vor diesem Hintergrund als ein zutiefst ethisches Handeln. Könne ein Mensch beispielsweise auf das nötige Können, Wissen, Wollen und Werte zurückgreifen, werde er in einer Situation entsprechend handeln. Und, sofern der Kontext günstig sei, werde er in seinem Tun auch erfolgreich sein. Fehle einer der genannten Aspekte, beispielsweise das Wollen, so werde der Mensch aller Voraussicht nach mit seinem Tun scheitern. Dabei sei es belanglos, ob über die Arbeit von Putzpersonal oder die eines Top-Managers gesprochen werde: Immer sei gute Arbeit eine Frage von Exzellenz, Engagement und Ethik.

Zur Verdeutlichung dieses Gedankens ein Beispiel aus dem Alltag. Stellen Sie sich dazu bitte folgende Situation vor: Sie bestellen eine Tasse Kaffee in einer Bar. Im ersten Fall serviert Ihnen die Bedienung die Tasse Kaffee, indem sie freundlich und wertschätzend mit Ihnen kommuniziert, sodass Sie das Gefühl haben, ein gern gesehener Gast zu sein. Im zweiten Fall serviert

Ihnen die Bedienung die Tasse Kaffee, ohne mit Ihnen zu sprechen, sie nicht einmal anzusehen und Ihnen damit das Gefühl zu geben, nicht willkommen zu sein. In beiden Fällen steht am Ende eine Tasse Kaffee vor Ihnen. Das Ergebnis ist also das gleiche, aber dennoch ist es nicht dasselbe, sodass die beiden Fälle die Kernbotschaft der 3 Es verdeutlichen können: Gute Arbeit ist nicht nur eine Frage von Exzellenz, also dem Wissen und Können, das für die Ausübung der Arbeit notwendig ist, sondern auch und vor allem von Engagement, also der Motivation hinsichtlich der Arbeit, und Ethik, also den Werten und den Gründen, die mit einer Arbeit verbunden sind.

Es zeigt sich also, dass das Servieren einer Tasse Kaffee von unterschiedlicher Qualität sein kann, obwohl die Tasse Kaffee schlussendlich immer vor uns steht. Die Qualität hängt in entscheidender Weise von der Exzellenz, dem Engagement und der Ethik der Bedienung ab. Für das Prinzip Freude folgt daraus, dass nicht nur Wissen und Können (Exzellenz), sondern auch Wollen (Engagement) und Werte (Ethik) notwendig sind. Freude erleben kann insofern nur, wer ein bestimmtes Wissen und Können ebenso wie ein bestimmtes Wollen und darüber hinaus Werte in einer bestimmten Situation abrufen kann.

Wie bei jedem ethischen Denken und Handeln ist das Abwägen von Werten und damit von Gründen die zentrale Herausforderung. Denn sie stellt sich gerade dort, wo es kein einfaches Ja oder Nein gibt, sondern die Wahrheit oft dazwischen liegt. Es geht um das »rechte Maß«, das jedem Wert einen positiven Gegenwert gibt. Beide schließen sich aber nicht aus, sondern sie befinden sich in einem konstruktiven Spannungsverhältnis zueinander. Ähnlich wird in der Philosophie des Ostens argumentiert, wenn in verschiedenen Kontexten die Harmonie als Schlüssel für ein erfülltes Leben definiert wird. Nicht umsonst existiert im Alltag die Redewendung von der »goldenen Mitte«.

Für das Prinzip Freude ist diese Sichtweise bedeutsam, weil es im Leben kaum Situationen gibt, die nicht unterschiedlich interpretiert bzw. von verschiedenen Menschen unterschiedlich gesehen werden können. Dann ist es wichtig, sich Klarheit über die zugrunde liegenden Werte zu verschaffen, um so den Grund der Freude umso deutlicher benennen zu können.

Friedemann Schulz von Thun (2006) liefert mit seinem Werte- und Entwicklungsquadrat eine interessante Hilfestellung, die Wege der Freude sichtbar machen kann: Ausgangspunkt seiner Überlegungen ist, dass jeder Wert nur dann zu einer konstruktiven Wirkung gelangen könne, wenn er sich in ausgehaltener Spannung zu einem positiven Gegenwert befinde. Fehle diese »ausgehaltene Spannung«, diese »dynamische Balance«, dieses »rechte Maß«, diese »goldene Mitte«, dann bestehe die Gefahr, dass ein Wert zu seiner entwerteten Übertreibung werde. Sparsamkeit, um ein Beispiel zur Verdeutlichung zu nennen, werde ohne ihren positiven Gegenwert der Großzügigkeit zum Geiz. Umgekehrt verkomme auch Großzügigkeit ohne Sparsamkeit zur Verschwendung. Versucht man, diese Zusammenhänge in eine grafische Darstellung zu bringen, entsteht daraus das Werte- und Entwicklungsquadrat:

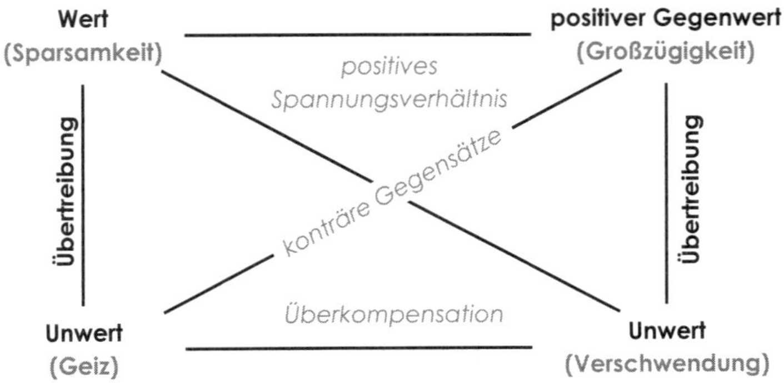

Werte und damit auch Gründe sind nicht so selbstverständlich, wie man gemeinhin annimmt. Und sie sind auch nicht immer und überall in gleicher Weise positiv zu betrachten: Solidarität beispielsweise gegenüber seinem Freund ist auf den ersten Blick unbestritten wichtig und richtig. Handelt es sich bei dem Freund allerdings um einen Attentäter, sieht die Sache ganz anders aus.

Überträgt man diesen Gedanken auf das Prinzip Freude im Allgemeinen und auf das Recht auf Unbeschwertheit im Besonderen, so zeigt sich, dass die Gründe der Freude ebenfalls nicht immer und überall selbstverständlich sind. Daher kann die Freude des einen zum Leid des anderen werden. Außerdem ist es möglich, dass der sich freuende Jugendliche selbst in Gewissenskonflikte kommt – dann nämlich, wenn es auf der einen Seite einen Grund zur Freude gibt, der aber auf der anderen Seite ein Grund zur Sorge sein kann. Diese Dichotomie der Freude und das damit verbundene Aushalten von Spannungen ist ein wesentlicher Aspekt, um die Gründe der Freude für sich klar benennen zu können. Und je klarer diese Gründe werden und je sichtbarer das Spannungsverhältnis zu anderen Gründen wird, desto sichtbarer wird der Weg der Freude für den Jugendlichen. Im Folgenden werden einige solcher Dichotomien der Freude genannt und skizziert, wie wichtig die Durchdringung der damit verbundenen Gründe für das Prinzip Freude ist.

- Freude am Verzicht und Freude am Genuss: Steht in einer Welt des Überflusses fast alles im Zeichen des Genusses, so lehrt der Verzicht: Auch er kann Freude bereiten. Ohne diese Einsicht wird das Ziel der Gegenwart, nämlich ein nachhaltiges Leben, nicht erreichbar sein.
- Freude an der Privatheit und Freude an der Öffentlichkeit: Gerade junge Menschen blicken oft voller Neid auf ihre Idole, wie ihnen im Bad der Öffentlichkeit Ruhm und Ehre zu-

teilwerden. Die Idole selbst aber sehnen sich nach Privatheit und leben häufig abgeschieden und zurückgezogen.

- Freude am Glauben und Freude an der Aufklärung: In einer Zeit, in der wissenschaftliche Erkenntnisse als Ultima Ratio angesehen werden, mag es altmodisch klingen, den Glauben überhaupt in den Mund zu nehmen. Was soll man noch glauben? Und noch weitergehend: Warum soll man noch glauben? Dabei ist der Glaube an und für sich ein Wert des Menschen: Ohne Glaube keine Liebe; und ohne Glaube keine Hoffnung. Damit wird deutlich, dass es beim Glauben gar nicht immer um den religiösen Glauben geht. Sondern Glauben ist eine Seinsweise des Menschen wie das Wissen auch. Pointiert schreibt daher Martin Walser: »Wir glauben mehr, als wir wissen.«
- Freude an der Nähe und Freude an der Ferne: Jedes Jahr freuen sich Menschen, wenn sie endlich in den Urlaub fahren. Die Ferne ruft. Sie lockt mit Neuem, Unbekanntem, Schönem. So schön der Urlaub auch ist: Für viele ist der Moment der Heimkehr, das Nachhausekommen, der schönste Moment. Die Nähe ist uns vertraut und gibt Sicherheit.
- Freude an der Vielfalt und Freude an der Einheit: In einer Welt, in der Zuwanderung zum Alltag vieler Länder gehört, liegt es auf der Hand, dass die Vielfalt ein positiver Wert ist. Bei aller Bedeutung dieser Vielfalt darf sie jedoch nicht ins Extrem verkehrt werden. Denn auch die Einheit ist wichtig und Europa ist das beste Beispiel dafür.
- Freude an der Solidarität und Freude an der Ichbezogenheit: So wichtig es in einer Gesellschaft ist, dass ein gemeinsamer Wertekosmos besteht und darauf geachtet wird, dass jeder seinen Platz findet und keiner zurückgelassen wird, in alleiniger Solidarität kann der Mensch nicht leben. Er braucht ebenso seinen Raum und seine Zeit, in denen er sich abgren-

zen kann, in denen er zeigen kann, wer er ist und was ihn ausmacht. Es ist insofern nicht verwerflich, in eigenem Interesse zu denken, zu handeln, zu fühlen.

An all den skizzierten Dichotomien wird ersichtlich, wie vielschichtig die Gründe der Freude sind und wie herausfordernd es ist, sich dieser Vielschichtigkeit bewusst zu werden. Dabei geht es nicht darum, Freude durch Nachdenken zu ersticken, ganz im Gegenteil: Durch Nachdenken lassen sich die tieferen Gründe der Freude und damit der zauberhafte Moment der Freude sichtbar machen. Nutzen Sie die genannten Beispiele und zeichnen damit ein Werte- und Entwicklungsquadrat nach Friedemann Schulz von Thun. Sie werden sicherlich überrascht sein, wie herausfordernd, aber auch spannend diese Aufgabe ist.

Wie zuvor dargestellt wurde, läuft eine globalisierte und digitalisierte Lebenswelt dem Bewusstmachen der Gründe der Freude zuwider: Beide lassen keine Zeit und keinen Raum mehr, sich intensiv und nachhaltig mit sich, der eigenen Mit- und Umwelt zu befassen. Vermehrung, Beschleunigung, Kommerzialisierung und Verflechtung wurden als Stichpunkte genannt. Die Folge daraus ist, dass viele Menschen heute blind sind. Das Wesentliche erschließt sich ihnen nicht, auch wenn sie direkt davorstehen. Wie Schlafwandler taumeln sie durch ihr Leben – ohne Sinn, ohne Verstand, ohne Freude. Ihnen fehlt es somit nicht nur an Wissen und Können, an Wollen und Werten, sondern vor allem am Bewusstsein selbst. Zwar hat jeder Mensch einen Selbstbezug zu sich und der Welt, aber daraus muss durch Aktivität und Tun erst ein Selbstbewusstsein werden. Das Leben und insbesondere die Freude haben viel damit zu tun, wie sich der Mensch als Mensch sieht, wie er sich versteht, wie er seinen Bezug zu sich sowie zu seiner Mit- und Umwelt interpretiert.

An dieser Stelle setzt ein Bereich an, der in der westlichen Wissenschaftswelt nahezu völlig an Bedeutung verloren hat, wohingegen er in der östlichen Welt seit jeher eine große Rolle spielt und über diese zumindest wieder in die populäre Literatur des Westens Eingang findet. Die Rede ist von den Bewusstseinszuständen. Diese sind für die Wege zur Freude von entscheidender Bedeutung, weil ohne das Bewusstsein das Gelingen nicht sichtbar wird.

Obschon es verschiedene Klassifikationen von Bewusstseinszuständen gibt, können folgende vier als grundlegend angesehen werden: Traum, Schlafen, Wachsein und Besinnung.

Diese Bewusstseinszustände lassen sich im Hinblick auf verschiedene Merkmale abgrenzen. Für das Prinzip Freude soll es mithilfe der Wahrnehmung und der Handlungsfähigkeit erfolgen und auf das Beispiel des Essens übertragen und konkretisiert werden – das Essen deshalb, weil es zum einen ein so alltägliches Beispiel ist, dass sich jeder mit den nachfolgenden Gedanken auseinandersetzen kann, und zum anderen immer wieder ein besonderes Ereignis darstellt und mit dem Moment der Freude in Verbindung gebracht wird (vgl. Wilber, 2016).

Erstens Traum: Diese Phase des Bewusstseins zeichne sich laut Wilber dadurch aus, dass der Mensch zwar etwas wahrnehme und auch handele, aber all dies in einer scheinbaren Welt, die nichts mit der Realität zu tun habe. So gibt es Situationen, in denen man isst, nicht weil man Hunger hat oder weil man seinem Körper Vitamine und Nährstoffe zuführen möchte. Sondern man isst aus Gründen, die nichts mit dem Essen als solchem zu tun haben, befindet sich demgemäß mit seinem Denken und Handeln in einer anderen Wirklichkeit und ist in eine Traumwelt abgedriftet. Jeder, der schon einmal ein gutes Weihnachtsessen verzehrt hat, kennt diese Situation: Man isst und trinkt deutlich über das normale Hunger- und Durstbedürfnis hinaus, bis womöglich die vorgestellte Wirklichkeit die reale Welt ersetzt hat. Zwar sind hier sowohl Wahrnehmung als auch Handlungsfähigkeit scheinbar vorhanden, aber eben nur scheinbar. Diese Situationen spiegeln den Bewusstseinszustand des Traumes wider: Das Essen um eines fiktiven Grundes willen steht im Vordergrund.

Zweitens Schlafen: Diese Phase des Bewusstseins zeichne sich dadurch aus, dass der Mensch weder etwas wahrnehme, noch konkrete Handlungen ausführe. Insofern befinde er sich in einem Ruhemodus. Situationen, in denen man aus Langeweile, aus Gewohnheit, aus Verlegenheit isst, sind beispielhaft in diesem Kontext. Das Essen wird nicht als solches wahrgenommen und aktiv vollzogen, sondern passiert im Unbewussten. Auch diese Situationen kennt vermutlich jeder: Bei Ausstellungen oder Empfängen stehen Salzstangen auf dem Tisch und ehe man sich versieht, hat man eine ganze Handvoll gegessen. Insofern gibt es weder eine Wahrnehmung der Tätigkeit, noch ein Handlungsziel. Diese Situationen spiegeln den Bewusstseinszustand des Schlafes wider: Das Essen passiert.

Drittens Wachsein: Diese Phase des Bewusstseins zeichne sich dadurch aus, dass der Mensch zwar Handlungen ausführe, ohne sie aber in ihrer Tiefe wahrzunehmen. Zu nennen sind Situationen, in denen man isst, weil man Hunger hat. Dieses Gefühl erzwingt ein gezieltes Handeln zur Nahrungsaufnahme. Wer körperlich hart gearbeitet hat und anschließend erschöpft und müde seine Küche betritt, kennt das damit verbundene Bedürfnis. Die Wahrnehmung ist nicht auf die Tätigkeit gerichtet, sondern auf einen ihr zugeordneten Zweck. Diese Situationen spiegeln den Bewusstseinszustand des Wachseins wider: Das Essen um des Hungers willen steht im Vordergrund.

Viertens Besinnung: Diese Phase des Bewusstseins zeichne sich dadurch aus, dass der Mensch Handlungen ausführe und diese in seiner Tiefe wahrnehme. Hierzu zählen Situationen, in denen man isst, um dem Körper Vitamine und Nahrung zuzuführen oder um bewusst bestimmte Geschmäcker zu erleben. Vor allem Situationen, in denen man etwas Neues probiert und sich auf die Nahrungsaufnahme konzentriert, erfordern diese Wahrnehmung und Handlungsfähigkeit und beide fallen zusammen. Diese Situationen spiegeln den Bewusstseinszustand der Besinnung wider: Das Essen um des Essens willen steht im Vordergrund.

Jeder dieser Bewusstseinszustände hat seine Berechtigung und Bedeutung. Ein Mensch kann ohne Traum, ohne Schlaf, ohne Wachsein und ohne Besinnung nicht sein. Problematisch wird es vielmehr, wenn einer dieser Bewusstseinszustände fehlt und zu stark in den Hintergrund gerät, aber auch wenn einer dieser Bewusstseinszustände dominiert und zu stark in den Vordergrund tritt. Denn dann können reduktionistische Formen auftreten, die durchaus auch als Fehlformen in Erscheinung treten können, gerade bei jungen Menschen: Jugendliche, die nur noch über WhatsApp und Facebook kommunizieren, weil sie die digitale für die reale Welt halten; Jugendliche, die in einen Bewegungs- oder Ernährungswahn verfallen, der sie von ihrer Mitwelt abschneidet; Jugendliche, die ihre Transzendenz verleugnen und dabei sich selbst negieren; Jugendliche, die in einen suchtähnlichen Zustand verfallen und das meditative Erleben über alles andere stellen; und vieles andere mehr.

Welche Bedeutung haben diese Bewusstseinszustände für das Prinzip Freude? Wie lassen sich daraus Wege der Freude ableiten? Anders als beispielsweise Essen oder Trinken kann Freude in den Bewusstseinszuständen des Traumes, des Schlafens oder des Wachseins nicht erlebt werden. Denn wahre Freude spricht den ganzen Menschen im Hier und Jetzt an und fordert die ganze Aufmerksamkeit des Menschen. Wo diese fehlt, können durchaus so etwas wie Spaß oder Glücklichsein entstehen. Aber Freude so nebenbei gibt es nicht. Nicht der Traum, nicht der Schlaf und nicht das Wachsein sind die Bewusstseinszustände, die für das Erleben von Freude notwendig sind. Allein der Bewusstseinszustand der Besinnung kann zur Freude führen.

Wie lässt sich diese Fokussierung auf die Besinnung, wie sie im derzeitigen populärwissenschaftlichen Diskurs unter dem Begriff der Achtsamkeit zu erkennen ist, rechtfertigen? Im Vergleich der Bewusstseinszustände ist die Besinnung ohne Zweifel derjenige, der am schwierigsten zu erreichen ist, weil ihn zum einen die äußeren Einflüsse versperren und zum anderen die inneren Widerstände zurückdrängen – es ist alles andere als einfach, sich bewusst auf das Hier und Jetzt zu konzentrieren, all sein Denken und Handeln im Moment aufgehen zu lassen und alles andere, das einem in den Sinn kommt, auszublenden. Insofern ist es viel leichter, in den Bewusstseinszustand des Traumes, des Schlafens oder des Wachseins zu verfallen, als in den Bewusstseinszustand der Besinnung. Aus diesem Grund spricht Ken Wilber auch von »Waking Up« als Ziel und Herausforderung des Menschseins: den Weg des höchsten Bewusstseins mit voller Wahrnehmung und Handlungsfähigkeit im Hier und Jetzt zu gehen.

Wie sehr die nachwachsende Generation am Zustand der Besinnung von der Mit- und Umwelt gehindert wird, lässt sich an einer alltäglichen Beobachtung im Zug oder in der Tram erkennen: Überall vom Internet umgeben und allzeit damit verbunden, gibt es keine Momente mehr, in denen man zu sich kommen kann und muss, in denen man in sich hineinhorchen und -fühlen kann und muss – die nächste Nachricht und die nächste Ablenkung warten schon längst ... Wenn man diesen Gedanken weiterführt, dann könnte man auch von der »Generation Schlafwandler« sprechen, weil für keine frühere Generation der Grad an Ablenkung so groß war wie für die heutige Generation. Insofern dürfte es im Kontext der Digitalisierung eine, wenn nicht sogar die Herausforderung sein, Menschen zu zeigen, wie man Technik ausschaltet. Für den Bewusstseinszustand der Besinnung ist dies unabdingbar.

Die Besinnung als zentraler Bewusstseinszustand findet bisher in der Bildung wenig Beachtung: Jeder lernt zwar, was gesundes Essen ist und dass man sich hierfür Zeit nehmen sollte – und dennoch steht Fast Food im Alltag ganz oben. Jeder lernt zwar, wie wichtig tägliche Bewegung für den Menschen als Leib-Seele-Geist-Einheit ist – und dennoch nehmen körperliche Defizite in allen Altersgruppen zu. Jeder lernt zwar, wie effektiv es ist, wichtige Gespräche unmittelbar und im Augenkontakt zu führen – und dennoch verlagert sich die zwischenmenschliche Kommunikation immer mehr auf die digitale Ebene. Ebenso wie für die Bildung des Menschen ist der Bewusstseinszustand der Besinnung auch für die Freude von zentraler Bedeutung. Denn unter allen genannten Bewusstseinszuständen ist es die Besinnung, die die Gründe, die Gefühle, die Gestaltung, das Gelingen und die Gemeinschaft am stärksten in den Vordergrund bringt. Die Big Five der Freude erkennt der Mensch am besten im Bewusstseinszustand der Besinnung. Dieser macht dem Menschen die Freude erst bewusst.

Das Bewusstsein darüber, was der Mensch tut, setzt eine Gestaltung voraus. Und auch hier gibt es viele Zugänge zur Freude, die mit der Theorie der multiplen Intelligenzen sichtbar gemacht werden können. Sie stammt von Howard Gardner (1983), der sich darin explizit gegen eine Vereinfachung von Intelligenz und ihre Reduzierung auf ein paar ausgewählte Bereiche wendet, beispielsweise mathematische und sprachliche Kompetenzen. Diese seien zwar wichtig, beleuchteten aber nur einen Teil der Persönlichkeit und seien noch dazu kulturabhängig. Vor diesem Hintergrund weist er auf berühmte Persönlichkeiten aus verschiedenen gesellschaftlichen Bereichen hin, die ganz unterschiedliche Intelligenzen ausgebildet hätten: sprachlich-linguistische Intelligenz, logisch-mathematische Intelligenz, musikalisch-rhythmische Intelligenz, bildlich-räumliche Intelligenz, körperlich-kinästhetische Intelligenz, naturalistische Intelligenz, interpersonale Intelligenz und spirituelle Intelligenz. Jeder Mensch verfügt über diese multiplen Intelligenzen und jede dieser Intelligenzen schafft Gestaltungsräume.

Keine Theorie ohne Kritik: Howard Gardners Entwurf der multiplen Intelligenzen konnten verschiedene Schwächen nachgewiesen werden, die sich jedoch vorwiegend auf Details konzentrieren. Somit erscheint es sinnvoll, im Folgenden nicht mehr den Begriff »Intelligenzen« zu verwenden, um die Kritik nicht unter den Tisch fallen zu lassen. Stattdessen wird von Zugängen zur Freude gesprochen. Diese können zum Beispiel sein: kognitiv, sozial, emotional, moralisch, ästhetisch, kinästhetisch und religiös. Vor diesem Hintergrund ist es wichtig, Wege der Freude nicht nur auf fachliche Zugänge zu beschränken, sondern auch hier das ganze Spektrum für junge Menschen sichtbar zu machen und zu nutzen.

Howard Gardner (2009) spricht vor diesem Hintergrund von »Five Minds for the Future«, die aus seiner Sicht für junge Menschen wichtig würden, um die Herausforderungen des Lebens meistern zu können. Diese seien auch für das Prinzip Freude wichtig, verdeutlichten sie einmal mehr Freude als Bildungsziel. Menschen heute und in der Zukunft

1. benötigten mehr als nur Fachwissen. Der pädagogische Kerngedanke eines Schulfaches sei nicht das Detailwissen, sondern die Denkweise, das Orientierungswissen, der Beitrag zum Selbst- und Weltverständnis. Eine Engführung auf das Memorieren von vordergründigem Faktenwissen verspiele die Möglichkeiten eines Faches ebenso wie menschliche Potenziale und lasse Lernen bedeutungslos werden.
2. müssten in der Lage sein, aus der Vielzahl an Informationen das Wichtigste herauszufiltern, kritisch zu reflektieren und miteinander zu verbinden. Ein strikt nur auf das jeweilige Fach und dessen Denkweise bezogener Fachunterricht führe zu einer Segmentierung von Wissen und verhindere inter- und transdisziplinäres Denken. Letzteres sei allerdings für das Leben in einer humanen Weltgesellschaft wesentlich.
3. müssten kreativ sein, wenn sie Nichtvorhersagbares bewältigen und im Wettbewerb bestehen wollten. Sie müssten Perspektiven verbinden und in vielfältig zusammengesetzten Teams arbeiten können. Expertentum im Sinn einer isolierten fachlichen Spezialisierung verliere immer mehr an Bedeutung und sei nicht mehr zeitgemäß.
4. müssten Respekt gegenüber der Vielfalt haben. Kein Mensch wisse alles und kein Mensch habe immer recht. Anerkennung von Vielfalt und Urteilskraft seien die Basis für Demokratie und Humanität.
5. bräuchten ein ethisches Bewusstsein – und zwar in allen Bereichen des Lebens wie beispielsweise in religiösen, in kulturellen und in politischen Fragen. In allen Lebenslagen seien nicht nur Wissen und Können gefragt, sondern auch Wollen und Werte. Die ethische Dimension des Lebens sei im Großen und im Kleinen gefordert.

Die aktuellen und zukünftigen Herausforderungen der Lebenswelt brauchen keine weitere Spezialisierung auf wenige Kompetenzen und keine weitere Konzentration auf eine Auswahl von Fächern. Stattdessen braucht die nachwachsende Generation nicht nur Fachwissen, sondern auch Denkweisen, nicht nur die Tiefe in einem Fach, sondern auch die Verknüpfung der Fächer, nicht nur Expertentum, sondern auch Kreativität, nicht nur egozentrisches Leistungsstreben, sondern auch eine respektvolle und ethische Haltung gegenüber der Mit- und Umwelt. Kurzum: Urteilskraft und Tatendrang. Gelingt dies, so können Bildung als Motor für gesellschaftliche Veränderung und Freude als Bildungsziel erreicht werden.

Die skizzierten Wege der Freude können nicht zusammenlaufen, ohne auf einen Punkt einzugehen, der als verbindendes Element aller bisherigen Überlegungen gesehen werden kann. Er ist mehrfach angeklungen und erweist sich ebenso wie Gründe, Gestaltung, Gelingen und Gefühle als zentraler Aspekt des Prinzips Freude: Gemeinschaft.

Um den Gedanken an dieser Stelle nochmals ins Bewusstsein zu rufen, soll auf die Corona-Pandemie eingegangen werden. Denn sie war für viele junge Menschen eine Ausnahmesituation – manche Forscher sprechen sogar vom größten sozialen Experiment der Menschheit. Warum? Aufgrund der Lockdown-Maßnahmen wurden Schülerinnen und Schüler mehrmals aus ihrem sozialen Umfeld herausgerissen und Kontakte wurden eingeschränkt. Aufgrund von Infektionsfällen mussten einige Kinder und Jugendliche zusätzlich in Quarantäne bleiben, wodurch jeglicher sozialer Kontakt vermieden wurde. In der Summe kommen so schnell mehrere Wochen zusammen, in denen Kinder und Jugendliche nicht nur zu Hause lernen mussten, sondern auch sozial isoliert waren.

In der Seneca-Studie wurde der Frage nachgegangen, wie es Lernenden nach dem ersten Lockdown ergangen sei (vgl. Zierer, 2020b). Namensgebend für die Studie ist Seneca, der mit seinem Ausspruch »Nicht für das Leben, sondern für die Schule lernen wir« Kritik an Schulen formulierte. Seither dient die Umstellung »Nicht für die Schule, sondern für das Leben lernen wir« als pädagogischer Appell. Nach den coronabedingten Schulschließungen zum Ende des letzten Schuljahres konnte in diesem Zusammenhang ein Phänomen beobachtet werden, das die Schullandschaft nur selten, vielleicht sogar noch nie erlebt hat: Auf allen Seiten war die Freude groß, dass endlich wieder Präsenzunterricht stattfinden konnte. Was ist es also, das die Lernenden motiviert, in die Schule zu gehen?

Um diese Frage zu beantworten, wurden im Oktober und November 2020 über 2.200 Schülerinnen und Schüler aus den Jahrgangsstufen 7 bis 12 dreier Bundesländer danach befragt, was ihr Hauptmotiv sei, in die Schule zu gehen. Drei Antwortmöglichkeiten mussten dabei bewertet werden. Die Auswertung der Daten ergab das folgende Bild.

An erster Stelle stünden in allen Klassen die Gleichaltrigen: 93 Prozent der Lernenden gaben an, dass die Freunde der bestimmende Grund seien, warum sie gerne in die Schule gingen. Der Antwortmöglichkeit, dass die Schülerinnen und Schüler gerne in die Schule gingen, weil sie dort etwas lernten, stimmten im Vergleich lediglich 72 Prozent zu. Angesichts der langen Zeit, in der Jugendliche zu Hause sein mussten, interessierte auch die Antwortmöglichkeit, ob Lernende sich freuten, endlich wieder zu Hause rauszukommen. Die Zustimmung hierzu gaben lediglich 24 Prozent.

Das Ergebnis zeigt, dass über alle Jahrgangsstufen hinweg die Gleichaltrigen der wichtigste Anstoß für Bildungsprozesse seien. Vor diesem Hintergrund muss der an Seneca angelehnte und viel zitierte Spruch korrekt lauten: Nicht für die Schule, sondern für die Freunde lernen wir.

Bei diesem Ergebnis ist beachtenswert, dass die genannten Zustimmungen scheinbar abhängig vom Alter der Lernenden sind: So erreichen die Freunde, das Lernen und das Rauskommen aus dem Elternhaus die jeweils höchste Zustimmung in der 7. und 12. Jahrgangsstufe, während in der 10. Jahrgangsstufe jeweils der Tiefststand zu verzeichnen ist: Wegen des Lernens in die Schule zu gehen, gilt in dieser Altersgruppe nur noch für 55 Prozent. Offensichtlich ist zwischen 15 und 16 Jahren vieles weitaus wichtiger als die Schule, die dann als Lebensort an Bedeutung verliert. Ein Grund dafür ist in der Fülle an Lehrplaninhalten zu sehen, die für viele Lernende nahezu sinnlos erscheinen. Die Seneca-Studie bestätigt damit die bereits angesprochene Jenkins-Kurve.

Bildung ist mehr als Wissensvermittlung und der Wegfall sozialer Kontakte bleibt nicht folgenlos. Bildung ist mehr als Lernen und vollzieht sich vor allem in der Interaktion mit den Gleichaltrigen. Oder mit den Worten Martin Bubers (1958): »Der Mensch wird am Du zum Ich.« Diese Schlussfolgerungen gelten in besonderer Art und Weise für das Prinzip Freude.

Was folgt aus dem Gesagten für die Schule als wichtigste gesellschaftliche Institution für junge Menschen? Soll Schule nicht nur Lernort, sondern auch Bildungsraum werden und damit ein Ort der Freude, so wird sie neu zu denken sein. Die Big Five der Freude können vor dem Hintergrund der angestellten Überlegungen wichtige Impulse liefern, die sich auch auf andere Lebensbereiche übertragen lassen. Mit ihnen können wir die angesprochene pädagogische Klimakrise meistern.

Schule als Ort der Freude braucht Gründe: Lernen vollzieht sich heute häufig ohne nachvollziehbaren Sinn für junge Menschen. Warum soll sich beispielsweise ein bayerischer Gymnasiast alle Namen der Halligen merken? Warum ist es wichtig zu wissen, aus wie vielen Büchern die Bibel besteht? Und warum wird von jungen Menschen verlangt, dass sie die genaue Anzahl der Wirbelkörper benennen können? Wenn Schule darauf keine Antworten hat, schafft sie es nicht, dass Lernen zu Bildung wird. Ein Mensch kann sich noch so viel Wissen aneignen, aber dieses Wissen verändert ihn nicht als Menschen, es nimmt keinen Einfluss auf sein weiteres Denken und Handeln. Nur für die Prüfung ist es relevant – und wird dann nach der Prüfung schnell wieder vergessen. Schule heute muss also mehr als bisher die Frage nach dem Sinn des Lernens nicht nur zulassen, sondern in den Mittelpunkt rücken.

Schule als Ort der Freude braucht Gefühle: Lernen vollzieht sich heute häufig ohne die Einbindung der Emotionalität des Menschen. Wissen wird als Wissen vermittelt, das in Büchern steht. Dass dieses Wissen aber etwas mit den Lernenden zu tun hat, wird im Unterricht nur selten klargestellt. Wer kann sich nicht an das ständige Buch-Seite-Aufgabe erinnern? Auch heute ist dieses Vorgehen keine Seltenheit und Lernende fragen sich zu Recht: Warum soll ich das lernen? Was hat das Ganze mit mir zu tun? Wenn im Lernen kein Sinn erkennbar wird, der den Menschen berührt, dann bleibt die Emotionalität außen vor. Aber ohne diese Emotionalität kann keine Freude entstehen. Denn das Gefühl der Freude ist für den Menschen zunächst das erste Erscheinungsbild der Freude. Ein Mensch, der kein positives Gefühl verspürt, kann sich seiner Freude gar nicht bewusst werden – mehr noch: Sie existiert dann auch gar nicht. Hinzukommt, dass Schule immer stärker auf das Lernen reduziert wird. Feste und Feiern treten in den Hintergrund: Der Lehrplan ist zu voll und es ist keine Zeit, so schallt es so mancher Idee entgegen, die das pädagogische Klima in Richtung Lebensfreude entwickeln würde. Vielleicht waren Sie in Ihrem Leben viel auf Klassenfahrten. Sie dürfen sich glücklich schätzen. Denn viele Kinder in der Grundschule waren nicht in einem Schullandheim und viele Jugendliche kennen bis auf den Urlaub mit ihren Eltern keine weiteren Reisen. Dass sich aber der Mensch auf Reisen selbst erkennt und dadurch Freude erfährt, ist nicht erst seit Goethe bekannt. So bleibt für viele Schulabgänger als einzige Erinnerung die Abschlussfahrt, auf der angesichts des erlebten Elends nicht selten über die Stränge geschlagen wird. Schule heute muss also mehr als bisher die Emotionalität des Menschen berücksichtigen – in unterrichtlichen und außerunterrichtlichen Aktivitäten.

Schule als Ort der Freude braucht Gestaltung: Lernen heute vollzieht sich häufig in einer Empfängerrolle. Die Lehrperson agiert und trägt vor, die Lernenden hören zu und führen aus. Vielfach wird daraus gefolgert, dass Lernende nur passiv seien. Dies ist aber insofern falsch, als dass sowohl Zuhören als auch Ausführen Aktivitäten sind – und gerade das Zuhören ist eine der wichtigsten Kompetenzen des Menschen. Was Kritikerinnen und Kritiker an diesem Lernen aber infrage stellen, ist der Mangel an Gestaltung. Sicherlich lernt der Mensch im Lauf seines Lebens vieles durch Nachmachen, aber er bleibt beim Nachmachen nicht stehen: Er probiert aus, ändert das Gehörte ab, sucht neue Wege und ist kreativ. Denken Sie an dieser Stelle an das Wort »Bewegungsfreude«, das präzise auf den Punkt bringt, wenn Kinder und Jugendliche beim Spielen ihrem motorischen Erfindergeist freien Lauf lassen. Ohne diese Möglichkeiten verkümmert die Neugierde aufseiten der Lernenden und damit auch ihre Kreativität. Ein Lernen, das nur aus Zuhören und Ausführen besteht, wird dem Menschen nicht gerecht und ist letztlich auch inhuman. Schule heute muss also mehr als bisher die künstlerischen, musischen und sportlichen Bereiche ins Zentrum rücken. Es reicht nicht aus, wenn diese ständig am Ende der Stundentafeln stehen und dann auch das Erste sind, das ausfällt. Diese Fächer gehören in den Mittelpunkt von Schule, weil sie Gestaltungszeiten und -räume liefern, in denen Freude entstehen kann. Dabei dürfen die bereits angesprochenen Feste und Feiern nicht vergessen werden, sondern sie erhalten an dieser Stelle eine weitere Begründung. »Der Mensch spielt nur, wo er in voller Bedeutung des Worts Mensch ist«, schreibt Schiller (1795), »und er ist nur da ganz Mensch, wo er spielt.«

Schule als Ort der Freude braucht Gelingen: Lernen vollzieht sich heute häufig in Bahnen des Reproduzierens von Wissen. Natürlich stellt auch das eine Form des Gelingens dar: Die Lehrperson stellt dem Lernenden eine Frage und dieser gibt die richtige Antwort. Dieses Frage-Antwort-Spiel kennen wir alle und manchmal ist auch das befriedigend. Aber Freude bereitet es nicht. Denn zum Gelingen, wie es für Bildungsprozesse im Allgemeinen und für Freude im Besonderen gemeint ist, gehört eine Herausforderung, die den Menschen in all seinen Möglichkeiten anspricht. Denken Sie an dieser Stelle beispielsweise an ein Kind, das seine ersten Schritte wagt und erfolgreich in die Hände der Eltern wackelt. Denken Sie an einen Konzertauftritt, der nach wochenlangem Üben ansteht. Oder denken Sie an ein Sportturnier, auf das sich die eigene Mannschaft intensiv vorbereitet hat und sich dann von Spiel zu Spiel steigert, bis sie Schritt für Schritt zusammenfindet. Das sind Herausforderungen, wie sie der Flow-Effekt beschreibt: Ausgehend vom Leistungsniveau kommt es zu einer Passung mit der Aufgabenstellung, die den Menschen nie nur kognitiv fordert, sondern immer auch motivational und emotional. Kleine Erfolge sind dabei wichtig. Für die Entwicklung des Menschen ist es ebenso hinderlich, überhaupt keine Momente des Gelingens zu erfahren, wie ständig in möglichen Momenten des Gelingens zu scheitern. Dies ist besonders wichtig bei den aktuellen Herausforderungen: Wer die ökologische Krise nur als Bedrohung erfährt und keine Erfahrungen macht, wie er selbst etwas dagegensetzen kann, der wird womöglich nur Angst und Ohnmacht erfahren. Freude entsteht sicher nicht. Für die Bewältigung der aktuellen Herausforderung ist es aber wichtig, dass Kinder und Jugendliche erfahren, dass sie etwas tun können, dass sie erfolgreich agieren können. Damit wird das aufwendige Anlegen einer Insektenwiese, das auf das ökologische Klima zunächst kaum einen Effekt hat, für das pädagogische Klima umso wichtiger. Schule heute muss also mehr Momente des Gelingens anbieten, die Kinder und Jugendliche umfassend herausfordern und sie kognitiv, emotional und motivational ansprechen.

Schule als Ort der Freude braucht Gemeinschaft: Lernen vollzieht sich heute häufig als Einzelleistung. Wann immer Prüfungen anstehen, ist der Einzelne gefordert. Dies ist nicht nur vor dem Hintergrund abwegig, dass im späteren Leben in allen Bereichen Kooperation notwendig ist, sondern auch vor der Bedeutung der Gemeinschaft für Bildung und Lernen. Erst in der Gemeinschaft kann sich der Mensch entfalten. Damit ist nicht gemeint, dass alle Schülerinnen und Schüler immerzu dasselbe machen müssen und der Gruppenfokus wichtiger ist als der Einzelne. Das wäre ebenso verkehrt wie eine überzogene Feier der Individualität eines jeden Menschen. Vielmehr kommt es auf das Ausbalancieren zwischen beiden Polen an: Die Gemeinschaft auf der einen Seite ist ebenso wichtig wie die Einzelleistung auf der anderen Seite. Das Gruppenziel auf der einen Seite kann ebenso bildungswirksam werden wie der Wettbewerb. Aber wenn beide Perspektiven nicht als Gegensätze gesehen, sondern zusammengebracht werden, dann kommt man einer Freude in der Schule sehr nahe. Dies gelingt beispielsweise über Projekte, die aus der Lebenswelt der Kinder und Jugendlichen stammen, dadurch sinnstiftend und emotional ansprechend sind. In solchen Projekten kommt es immer auf die Leistung des Einzelnen in der Gruppe an – keiner bewältigt die Aufgabe eines Projektes alleine, aber auch ohne den Einzelnen ist das nicht möglich. Schule heute muss also mehr als bisher die Gemeinschaft fördern – weg vom Einzelkämpfer und hin zum Teamspieler.

Wenn diese Veränderungsprozesse in der Schule umgesetzt werden, dann wird Schule neu gedacht. Sie wandelt sich damit von einem Lernort zu einem Bildungsraum. In dessen Zentrum steht die Freude, weil es bewusste und vielfältige Gründe für das Lernen gibt, weil Inhalte sinnstiftend vermittelt werden und die Lernenden emotional ansprechen, weil Momente des Gelingens immer den ganzen Menschen mit all seinen Möglichkeiten ansprechen und die Gemeinschaft der Schülerinnen und Schüler nicht nur auf dem Pausenhof oder vor den Schultoren Bedeutung erhält, sondern auch in den Klassenzimmern. In dieser Vision von Schule wird die pädagogische Klimakrise mittels der Freude bewältigt und die Freude am schulischen Lernen wird nicht sukzessive ausgetrieben, sondern immerzu vermehrt. Auf diesem Weg kann Schule Jugendlichen in besonderer Art und Weise das Recht auf Unbeschwertheit zuteil werden lassen.

Pathologien der Freude:
Ein integrativer Ausblick

Junge Menschen haben zu Beginn des 21. Jahrhunderts nicht nur das Recht auf Unbeschwertheit, sie haben auch das Recht auf Freude. Dafür ist zum einen das Bewusstsein notwendig, um Freude überhaupt erkennen zu können, und zum anderen braucht es die Fähigkeiten, um Freude immer wieder erleben zu können. Beides ist im Bildungsprozess wichtig und verdeutlicht Freude als Bildungsziel. Wahre Freude ist in diesem Sinn nichts Einfaches.

Wenn junge Menschen sich nun diese Freude gönnen, dann ist es wichtig, dass sie besonnen damit umgehen. Denn Freude ist zwar ein wirksames, aber durchaus ein komplexes Lebenselixier. Wird diese Komplexität nicht erkannt, kann Freude durchaus Fehlformen annehmen. Da diese Fehlformen eine Ursache haben, die identifiziert und vermieden werden kann, möchte ich den Begriff der Pathologie aufgreifen.

Wo sind diese Pathologien der Freude zu sehen? In den bisherigen Ausführungen sind verschiedene Spannungen angesprochen worden. Am deutlichsten wird eine Pathologie der Freude an der Sorge. Denn eine Freude, die sich nicht auch sorgt, ist keine Freude. Der Grund der Freude ist es nämlich, der einem bewusst macht, wie sorgsam mit diesem Grund umzugehen ist. Denn wer den Grund der Freude nicht achtet, verliert seine

Freude. So zeigen sich Freude und Sorge wie Glaube und Vernunft: Freude ohne Sorge ist ebenso unsinnig wie Sorge ohne Freude. Der Mensch, der sich um eine Sache sorgt, tut dies nicht der Sorge, sondern der Freude wegen, die er um der Sache willen erfährt. Ein Mensch, der nur in Sorge lebt, lebt nicht. Er verkennt den Grund des Daseins und verkümmert. Kurzum: Freude braucht Sorge und Sorge braucht Freude.

Ob dieser Gedanke Martin Heidegger in seiner Philosophie fremd war, darf angezweifelt werden. Zwar hat er die Sorge ins Zentrum seiner Analyse gerückt, aber auch deutlich gemacht, dass Gelassenheit wichtig ist. Der Mensch kann sich nicht um alles sorgen. Das, was in seiner Macht steht, muss er angehen, aber immer mit Besonnenheit. Kein Wunder also, dass dem Prinzip Sorge schon zu Martin Heideggers Zeiten das Prinzip Hoffnung und das Prinzip Verantwortung gegenübergestellt wurden. Das Prinzip Freude reiht sich in diese Überlegungen ein und ist Teil eines komplexen Netzes an Ausprägungen des menschlichen Selbst- und Weltbezuges.

Neben dieser Pathologie der Freude, die aus einer Nichtbeachtung äußerer Zusammenhänge resultiert, in der die Freude steht, gibt es eine Pathologie der Freude, die aus der Nichtbeachtung der inneren Zusammenhänge folgt. Diese sind mit den Big Five der Freude umschrieben: ohne Gründe, ohne Gestaltung, ohne Gelingen, ohne Gefühle und ohne Gemeinschaft keine wahre Freude. Diese Aspekte können als Orientierung dienen, um Freude im Alltag junger Menschen zu ermöglichen.

Dieser Gedanke soll abschließend mit dem Quadrantenmodell von Ken Wilber (1987) systematisiert werden und in diesem Sinn eine Landkarte der Freude darstellen. Ken Wilber hat dieses Quadrantenmodell als ein erkenntnistheoretisches Modell entwickelt, das ich zunächst vorstelle, bevor ich es auf das

Prinzip Freude übertrage. Im Kern unterscheidet er vier Zugänge zur Erkenntnis, daher auch Quadrantenmodell.

Erstens gebe es einen objektiven Zugang, der Messbarkeit und Beobachtbarkeit als zentrale Kategorien nenne und sich um Wahrheit im propositionalen Sinn bemühe. Ein einfaches Beispiel hierfür sei die Aussage: »Es regnet draußen.« Das lasse sich empirisch überprüfen. Mit Blick auf das Prinzip Freude folgt hieraus: Freude muss messbar sein. Es muss einen Grund zur Freude geben. Dieser muss benennbar sein. Freude ist der Wahrheit verpflichtet.

Zweitens gebe es einen subjektiven Zugang, in dem es um Wahrhaftigkeit gehe und somit Interessen, Wünsche und Bedürfnisse an erster Stelle stünden. Aussagen in diesem Quadranten könnten nicht von außen überprüft werden, sondern seien über Interpretation zugänglich. Wenn ich beispielsweise in den Raum stellen würde, dass mir ein Theaterstück gefalle, das ich gerade besucht habe, dann könne diese Behauptung nicht auf ihren Wahrheitsgehalt hin untersucht werden. Man könne mich zwar beobachten, wie meine Gestik und meine Mimik ausfielen, aber man könne keinen sicheren Schluss daraus ziehen, bleibe auf der Ebene des Interpretierens und müsse mir sowie meiner Aussage Glauben schenken. Übertragen auf das Prinzip Freude folgt: Die Aussage »Ich freue mich« wird zu einer zentralen Größe und damit ist es insbesondere das Gefühl, das hier zum Tragen kommt.

Drittens gebe es einen intersubjektiven Zugang, der als Ziel ein kulturelles Passen verfolge und damit Gerechtigkeit und Richtigkeit als zentrale Kriterien nenne. Werte und Normen, Regeln und Rituale bieten sich in diesem Quadranten als Beispiele an. Sie können weder empirisch gewonnen noch vom Einzelnen festgelegt werden, sondern bedürfen der diskursiven und argumentativen Auseinandersetzung in der Gemeinschaft. Es liegt auf der

Hand, dass dieser Zugang für das Prinzip Freude die Gemeinschaft hervorhebt. Die Aussage »Ich freue mich« wird in diesem Zusammenhang immer auch zur Aussage: »Wir freuen uns.«

Viertens gebe es einen interobjektiven Zugang, der einen systemischen Anspruch erhebe und folglich auf ein funktionales Passen fokussiere. Dahinter verberge sich in Anlehnung an die Systemtheorie von Niklas Luhmann die Auffassung, dass jeder Mensch in einen systemischen Zusammenhang eingebettet sei, der komplex und mannigfaltig sei: Familie, Peers, Wirtschaft und Politik, um vielleicht die wichtigsten Systeme zu nennen. Jedes dieser Systeme folge eigenen Regeln, habe unterschiedliche Funktionen und verwende spezifische Codes, sodass es zu Spannungen und Passungsproblemen kommen könne. Beispielsweise gehe es bei Politik in erster Linie um Macht, Wirtschaft verfolge das Ziel des finanziellen Gewinns. Für das Prinzip Freude bedeutet das, dass die Gestaltung wichtig wird. Nur dort, wo der Mensch Gestaltungsmöglichkeiten hat, wo er etwas verändern kann und wo er immer wieder erfolgreich sein kann, zeigt sich Freude. Neben der Gestaltung wird damit das Gelingen zu einem wichtigen Moment der Freude.

Folgende Abbildung versucht, das Gesagte zusammenzufassen:

Das Prinzip Freude

subjektiv **GEFÜHL**	*objektiv* **GRUND**
intersubjektiv **GEMEINSCHAFT**	*interobjektiv* **GESTALTUNG und GELINGEN**

Auf das Beispiel der Natur angewandt, könnte sie so aussehen:

Das Prinzip Freude an der Natur

subjektiv **Ehrfurcht bei der Betrachtung der Natur, positive Emotionen beim Entdecken und Wiedererkennen**	*objektiv* **Farbenvielfalt eines Schmetterlings und die Symmetrie**
intersubjektiv **sich gemeinsam in der Natur bewegen, Teilen der Erfahrungen, Eindrücke und Wissen**	*interobjektiv* **gemeinsames Anlegen einer Insektenwiese**

Kernaussage des Ansatzes von Ken Wilber ist nun, dass die Beantwortung komplexer Fragestellungen nicht nur mithilfe eines Zuganges erfolgen könne, sondern alle genannten Perspektiven berücksichtigt werden müssten. Dabei zeige sich auch, dass die erläuterten Zugänge selbst in einem Wechselwirkungsverhältnis zueinander stünden und jeder Versuch, isoliert aus einem Zugang heraus zu antworten, von vornherein zum Scheitern verurteilt sei. Freude ist also nie nur der Grund, nie nur das Gefühl, nie nur die Gestaltung, nie nur das Gelingen oder nie nur die Gemeinschaft. Sie speist sich stets aus all diesen Facetten und es gelingt in Momenten der Freude, all diese Facetten in Einklang und Harmonie zu bringen. Nur so lassen sich jene Pathologien der Freude vermeiden, die aus einer Nichtbeachtung der inneren Zusammenhänge resultieren.

Das Prinzip Freude wird realisiert, wenn Menschen in der Lage sind, die Gründe der Freude zu benennen, sich als Gestalter ihres Lebens wahrzunehmen und dabei erfolgreich zu agieren, wenn sich positive Gefühle einstellen, die umso stärker werden, je mehr der Mensch in eine Gemeinschaft eingebunden ist. Junge Menschen brauchen also Zeiten und Räume, um diese Erfahrungen zu machen. Sie müssen dabei begleitet werden. Der Lebensalltag lässt die Freuden oft verschwinden, manchmal werden sie vom Tempo der Welt verschüttet – Globalisierung und Digitalisierung sind dabei zwei beachtenswerte Entwicklungen. Kindern und Jugendlichen daher die Augen zu öffnen, ihnen ein Bewusstsein für das Wahre, das Schöne und das Gute zu geben, ist ein erster Schritt, das Prinzip Freude umzusetzen. Der zweite Schritt liegt in der Stärkung des Menschen. Die Fähigkeit, Gründe zu benennen und gegeneinander abzuwägen, Gefühle zuzulassen und zu steuern, Tatendrang zu Schaffenskraft werden zu lassen, um in Gemeinschaft erfolgreich zu agieren – all das sind Fähigkeiten, die man für ein Leben mit Freude braucht. Sie markieren die Wegmarken eines Bildungsprozesses. Jugendliche brauchen einen integrativen Ansatz der Freude, der die damit verbundenen Spannungen und Herausforderungen nicht verleugnet, sondern sie annimmt und zu einem stimmigen Ganzen zusammenführt. Denn Jugendliche haben nicht nur ein Recht auf Unbeschwertheit, sondern auch auf ein Leben in Freude.

Literatur

Albert, Mathias/Hurrelmann, Klaus/Quenzel, Gudrun: *18. Shell Jugendstudie,* Jugend 2019, Weinheim 2019

Bauer, Michael/Berghöfer, Anne/Adli, Mazda (Hrsg.): *Akute und therapieresistente Depressionen. Pharmakotherapie – Psychotherapie – Innovationen,* 2. Aufl., Heidelberg 2005

Buber, Martin: Ich und Du, Heidelberg 1958

Chartrand, Tanya L./Bargh, T. L.: »The chameleon effect: The perception–behavior link and social interaction«. In: *Journal of Personality and Social Psychology,* 1999, 76(6), S. 893–910

Csíkszentmihályi, Mihály: *Das flow-Erlebnis,* Stuttgart 2010

Dawkins, Richard: *Der entzauberte Regenbogen,* Hamburg 2002

DESTATIS: »Immer mehr Kinder und Jugendliche leiden an Depression«, 2021, https://www.destatis.de/DE/Themen/Gesellschaft-Umwelt/Gesundheit/depression-kinder-jugendliche-imfokus.html

DESTATIS: »Zahl der Todesfälle im Jahr 2015 um 6,5 % gestiegen«, 2017, https://www.destatis.de/DE/Presse/Pressemitteilungen/2017/01/PD17_022_232pdf.pdf?__blob=publicationFile

Deutsche Depressionshilfe: »Zahlen und Fakten über Depression«, 2018, https://www.aok-bv.de/imperia/md/aokbv/presse/pressemitteilungen/archiv/2018/07_faktenblatt_depressionen.pdf

Erikson, Erik H.: *Identität und Lebenszyklus,* Berlin 1966

Gardner, Howard: *Frames of Mind – The theory of multiple intelligences,* Basic Books 1983

Gardner, Howard: *5 Minds for the Future,* Harvard 2009

Gardner, Howard/Csíkszentmihályi, Mihály/Damon, William: *Good Work*, Stuttgart 2005

Gemeinnützige Deutsche Kinder- und Jugendstiftung GmbH (DKJS) (Hrsg.): »u_count, gemeinsam Gesellschaft gestalten«, 2020, https://www.dkjs.de/fileadmin/Redaktion/Dokumente/programme/200609_u_count_Abschlussbericht_web.pdf

Global Health Estimates 2016: »Deaths by Cause, Age, Sex, by Country and by Region, 2000-2016«, Geneva, World Health Organization 2018

Grass, Günter: *Eintagsfliegen*, Göttingen 2012

Guggenmos, Josef: *Was denkt die Maus am Donnerstag? 121 Gedichte für Kinder*, München 2001

Heidegger, Martin: *Sein und Zeit*, 18. Aufl., Hameln 2001

Hinsz, Verlin B./ Tomhave, Judith A.: »Smile and (half) the world smiles with you: Frown and you frown alone«. In: *Personality and Social Psychology Bulletin*, 1991, 17(5), S. 586–592

Jenkins, Lee: *Optimize your school*, Thousand Oaks 2015

Mineo, Liz: *Good genes are nice, but joy is better*, Harvard, 2017

mpfs: »JIM 2019: Jugend, Information, Medien, Basisuntersuchung zum Medienumgang 12- bis 19-Jähriger in Deutschland«, https://www.mpfs.de/fileadmin/files/Studien/JIM/2019/JIM_2019.pdf

NAKO: »Depression als Volkskrankheit in der NAKO Gesundheitsstudie«, 2019, https://nako.de/wp-content/uploads/2019/02/Pressemitteilung-Depression_final.pdf

Nietzsche, Friedrich: »Nachgelassene Fragmente. Frühjahr 1881 - Sommer 1882« In: Colli, Giorgio (Hrsg.): *Nietzsche: Werke. Kritische Gesamtausgabe*, Berlin 1973

Pinker, Steven: *Aufklärung jetzt*, Frankfurt am Main 2018

Ravens-Sieberer, Ulrike et al.: »Seelische Gesundheit und psychische Belastungen von Kindern und Jugendlichen in der ersten Welle der COVID-19-Pandemie – Ergebnisse der COPSY-Studie«. In: *Bundesgesundheitsblatt* 2021

Robinson, Ken: *You, your child, and school: navigate your way to the best education*, Viking 2018

Rosling, Hans: *Factfulness*, Berlin 2018

Rutter, Michael/Maughan, Barbara/Mortimer, Peter/Ouston, Janet: *15 000 Stunden. Schulen und ihre Wirkung auf die Kinder*, Weinheim 1980

Schiller, Friedrich: »Ueber die ästhetische Erziehung des Menschen« [2. Teil; 10. bis 16. Brief.] In: Friedrich Schiller (Hrsg.): *Die Horen, Band 1, 2. Stück*, Tübingen, 1795, S. 51–94.

Schöttker, Detlef: *Philosophie der Freude*, Stuttgart 2003

Schulz von Thun, Friedemann: *Miteinander reden*, Reinbek, 2006

Seligman, Martin E. P.: *Der Glücks-Faktor: Warum Optimisten länger leben*, 15. Aufl., München 2005

Spitz, René A.: *Vom Säugling zum Kleinkind. Naturgeschichte der Mutter-Kind-Beziehungen im ersten Lebensjahr*, 12. Aufl., Stuttgart 2005

Storm, Andreas (Hrsg.): »Kinder- und Jugendreport 2019«, https://www.dak.de/dak/download/dak-kinder--und-jugendreport-2019-2168336.pdf

Störig, Hans Joachim: *Kleine Weltgeschichte der Philosophie*, 9. Aufl., Frankfurt am Main 1999

Wilber, Ken: *Integral Meditation*, Boulder 2016

Wilber, Ken: *Das Wahre, Schöne, Gute*, Frankfurt am Main 1987

Zierer, Klaus: Bildung: jetzt! In: *Scheidewege*, 2020a, Jg. 49, S. 372–387.

Zierer, Klaus: »Für die Freunde lernen wir!« In: *DIE ZEIT*, Dezember 2020b

Über den Autor

Klaus Zierer, geboren 1976, ist Ordinarius für Schulpädagogik an der Universität Augsburg und Associate Research Fellow am ESRC Centre on Skills, Knowledge and Organisational Performance (SKOPE) der University of Oxford. Zuvor war er Professor für Erziehungswissenschaften an der Universität Oldenburg und hat an der LMU München promoviert und wurde dort habilitiert. Nach dem Studium des Grundschullehramts war er zunächst mehrere Jahre als Grundschullehrer tätig. Als Experte ist der Erziehungswissenschaftler häufiger Interviewpartner und Gastautor in den Medien, u. a. bei SZ, DIE ZEIT, FAZ, ARD, 3sat, arte und ORF Doku sowie PSYCHOLOGIE HEUTE und Eltern family. Klaus Zierer ist Vater von drei Kindern.